GUI

San Sebastián-Donostia

RECORRIDOS POR
GUIPÚZCOA Y EL PAÍS VASCO FRANCÉS

ANAYA TOURING CLUB

GUIARAMA
Donostia- San Sebastián

Autores: **José Manuel Alonso Ibarrola, SAHATS, Ignacio Medina, Iñaki Gómez** y equipo editorial **ANAYA Touring Club.**

Editora de proyecto: **Mercedes de Castro.** Editores: **Olalla Aguirre y Javier Muñoz.** Coordinación técnica: **Mercedes San Ildefonso** y **Michi Cabrerizo.** Mapas y planos: **Cartografía ANAYA Touring Club.**

Fotografías. Todas las fotografías han sido realizadas por **Anaya Touring Club/ Carlos Puga,** excepto **Archivo Anaya:** 16, 19, 32 (1), 34, 62-63. **Archivo del Festival Internacional de Cine de Donostia/ San Sebastián:** 25 (sup., ctro. e inf.). **Biblioteca Nacional:** 30, 31, 32 (2, 3, 4), 33 (5, 6, 7). **Kote Cabezudo:** 24. **Francisco Xavier Dueñas:** 76, 83, 86, 87, 89. **Darío Gárrido:** 8-9, 21, 28, 41, 131 (sup. e inf.). **Francisco Martín:** 85. **Gonzalo Martínez Azumendi:** 10, 12, 84, 88, 90 sup. e inf., 85. **Juan Carlos Muñoz:** 92. **S. Padura/ Anaya:** 20. **D. Quintas/ Anaya:** 18. **Agustín Sagasti:** 6-7, 17, 22, 37, 44 sup., 46, 47 sup., 49 inf., 57 sup., 68, 69. **Iñigo Santiago:** 73 inf., 129 sup.. **Olimpia Torres:** 26, 44 inf., 49 sup., 51, 54, 59, 60 sup., 61, 64, 107-108, 117 inf.. **Rafel Vela:** 94.

Impresión: Gráficas Hnos Gómez, S.L.L.

Enero 2006

Juan Ignacio Luca de Tena, 15. 28027 Madrid.

Depósito legal: M-41.727-2005
I.S.B.N.: 84-9776-187-1
Impreso en España - Printed in Spain.

ÍNDICE GENERAL

Diez indispensables

Visita a la ciudad de San Sebastián

Excursiones desde San Sebastián

Informaciones prácticas

Índices de lugares

CÓMO USAR ESTA GUÍA

● ANTES DEL VIAJE

Se sugiere la lectura de los **Diez indispensables** (de la página 6 a la 37), con artículos sobre la historia, el arte, la naturaleza y las gentes de San Sebastián escritos por los autores Alonso Ibarrola, Luis Azpilicueta, José María Domench e Iñaki Gómez. Para quienes opinan que la *gastronomía* es uno de los atractivos del viaje, la sección del mismo nombre (de la página 110 a la 118) ofrece una visión bastante completa de aquellas especialidades donostiarras que pueden despertar la curiosidad del viajero.

● DURANTE EL VIAJE

En la parte titulada **Visita a la ciudad de San Sebastián** (de la página 38 a la 73) se describe la ciudad a través de dos itinerarios. En ellos se da información detallada de los lugares de mayor interés. El plano (pág. 42-43) puede ser de gran utilidad para realizar estos desplazamientos por la ciudad.

Bajo el epígrafe **Excursiones desde San Sebastián** (de la página 74 a la 107) se ofrecen varias excursiones de un día, que son otras tantas alternativas para visitar aquellas zonas que tienen un singular valor histórico, paisajístico o monumental.

● LA HORA DE COMER (Y CENAR)

Dentro del capítulo titulado **Informaciones prácticas** se incluye una amplia selección de restaurantes por localidades, calidades y precios.

En esta misma sección se facilita también información sobre un buen número de actividades con las que ocupar el tiempo libre que van desde las fiestas de las principales localidades, a otras como deportes, compras, museos, transportes...

USE LOS ÍNDICES

Finalmente se han elaborado dos índices de lugares de interés que permiten localizar con facilidad las páginas en las que hay alguna información de utilidad.

PLANIFICACIÓN DEL VIAJE

En función del tiempo del que se disponga, sea una semana o más o un fin de semana, puede conseguirse el máximo provecho a la estancia siguiendo las sugerencias siguientes:

Una semana

Visite la ciudad de San Sebastián siguiendo los itinerarios urbanos que se proponen en esta guía.
Elija, de entre las tres excursiones por la provincia, las que le resulten más atractivas.
Para comer, siga los consejos de la sección **Gastronomía** y **Restaurantes.**
Para cualquier otra actividad en la que ocupar sus momentos libres puede consultar el apartado **Informaciones prácticas,** donde se incluye información de carácter general sobre fiestas, acontecimientos culturales, deportes, museos, compras, alojamientos, transportes, oficinas de turismo...

Fin de semana

Si no desea salir de la ciudad de San Sebastián recorra los dos itinerarios urbanos propuestos. En otro caso, haga sólo la visita al itinerario básico y seleccione una excursión, entre las que se proponen, a algún punto de la provincia. La lista de restaurantes de esta guía le será de gran utilidad.

DIEZ INDISPENSABLES

- El Monte Igeldo
- La Concha
- La Parte Vieja
- Modificaciones urbanísticas
- El Urumea y los puentes
- San Sebastián en Fiestas
- La música y el cine
- Las sociedades gastronómicas
- El shirimiri
- Historia

1. El Monte Igeldo

Con la mano en el corazón, y los cinco dedos de la misma para contarlas, creo que no hay en este mundo visiones panorámicas más entrañables y emocionantes que la de la bahía de Matavai desde la punta de Tahara'a, en la isla de Tahití; la de la bahía de Botafogo desde el Pan de Azúcar, en Río de Janeiro; la de la bahía de Nápoles desde San Martino; la de la bahía de Acapulco desde la capilla de La Paz, y la de la bahía de La Concha desde el monte Igeldo, en Donostia. Vistas las cinco, puede uno morir tranquilo.

Desde el gran mirador del Igeldo donostiarra, de día o de noche, la primera impresión es de asombro, de exaltación, de emoción ante tanta belleza. Un paisaje siempre vigente y vivo, palpitante y armonioso, en cualquier estación del año.

La bahía en forma de concha, la ciudad en torno suyo, las montañas en torno a ella, el mar y la costa infinita a derecha e izquierda. De cara al mar Cantábrico, al golfo de Bizkaia –también llamado de Gascuña–, a la derecha, en un día claro y nítido, se puede vislumbrar el faro de Biarritz y, a la izquierda, en primer plano, el "Ratón" de Getaria y, más al fondo, la silueta del cabo Matxitxako. Y con el mar de espaldas, el horizonte interior, las monta-

ñas que configuran el País Vasco con sus valles y bosques, sus pueblos y caseríos. La ciudad de San Sebastián es el centro radial y espiritual de una Euskadi donde se forjó el "vasco universal".

Pero volvamos la vista, una vez más, hacia el mar. Éste, algunas veces traidor, lo contemplaron siglos atrás, atraídos como un imán, personajes de leyenda como Elkano, Okendo, Bonetxea, Urdaneta, Legazpi, Lope de Aguirre, Catalina de Erauso, personajes increíbles, nacidos en este pequeño rincón del mundo. ¿Qué ensoñaciones provoca esta visión del mar desde esta tierra, para que haya empujado a tantos hombres y mujeres, a lo largo de los siglos, a la aventura? Algo confiere este país a los que nacen en él.

San Sebastián puede observarse desde numerosos puntos, pero, sin duda, el del monte Igeldo es el que ofrece una panorámica más impactante.

2. La Concha

La playa de la Concha no es sólo la más querida por los donostiarras, sino también símbolo universal de la ciudad y emblema de su belleza.

Si el monte Igeldo ha merecido el honor de ser citado en primer lugar, gran parte de este privilegio se lo debe al hecho de ser el lugar desde donde mejor perspectiva se consigue de la foto fija más famosa de San Sebastián. La playa de la Concha es, sin lugar a dudas, el mejor resumen de la belleza de la capital guipuzcoana y, probablemente, su imagen más universal. San Sebastián puede ser muchas cosas, cada vez inscribe más elementos plásticos en su catálogo de atracciones, pero cualquiera que haya visitado la ciudad elegirá como imagen final el contorno luminoso de la bahía de la Concha, con la isla de Santa Clara al fondo y la famosa barandilla que separa el paseo del arenal. Una playa siempre llena de paseantes, y de bañistas en verano, que en 1896 obtuvo el nombre de Paseo de la Concha tras perder la denominación más explícita, pero menos bella, de Paseo de los Baños. Conserva, sin embargo, el carácter de balneario y sigue siendo la playa preferida por los donostiarras, a buena distancia sobre Ondarreta, siempre considerada mas esnob, o sobre la playa de Zurriola, demasiado nueva y mas receptiva a forasteros y amantes del *surf*.

La Concha es una playa plenamente integrada en el núcleo urbano, y se diría que hecha a medida del tamaño de la ciudad. Desde el puerto y los jardines de Alderdi Eder hasta las laderas de Igeldo son casi dos kilómetros que se abarcan en un solo golpe de vista, pero con muchas encantos en los que reparar y deleitarse.

Un paseo que comienza en los jardines de Alderdi Eder. Lugar hermoso significa en euskera, y no le falta razón si nos acogemos a la belleza del lugar, con el edificio del

Ayuntamiento como barrera entre el puerto y el paseo playero. Un Ayuntamiento que antes fuera casino con solera y ganada rivalidad sobre los monegascos y el de Biarritz, que se enmarca en el un pequeño pero señorial parque de tamarindos destinado a ser un pequeño entreacto antes de afrontar un recorrido enmarcado entre algunos edificios con alcurnia y la luminosidad de la bahía.

El Hotel Londres es uno de los testigos mudos de la historia donostiarra, con excelentes rincones para perderse y revivir su pasado romántico. Menos principesco que el Maria Cristina, pero más demandado por los amantes de las noches suntuosas y románticas, desde algunas de las habitaciones del Londres se puede disfrutar de las mejores vistas de la Concha. Sin necesidad de alojarse en él, se puede disfrutar de todo su encanto en la cafetería, observando el paseo a través de la magnífica cristalera.

Casi enfrente, como un hito en el paseo, se encuentran los Baños de la Perla, que remiten al carácter de balneario que la ciudad tuvo a principios del XX y que mantiene actualmente en sus instalaciones de talasoterapia. Las dos playas de la bahía están separadas por el llamado Pico del Oro, atravesado por un túnel sobre el que se alza el Palacio de Miramar, otra de las atalayas privilegiadas de la Concha, actualmente convertida en parque municipal. La playa de Ondarreta aparece nada más superar el túnel, o al bordearlo, si se va a pie o por el nuevo carril de bicicletas. De esta playa parte el tramo final del Paseo, junto a las laderas de Igeldo, un punto final que hay que oficiar sobre las rocas en las que rompe el mar junto al *Peine de los Vientos,* otra de las estampas universales de Donostia. La obra de Chillida hay que verla desde el espacio elevado diseñado por el escultor Peña Ganchegui. Apoyados sobre el muro que separa la tierra del mar se recibe toda la belleza de la bahía. En la contemplación ayuda esa escultura de hierro con la que Chillida quiso unir la tierra y el mar con un peine que rizase el viento, las olas y el cielo de los donostiarras.

En el extremo más occidental de la bahía de la Concha emplazó Chillida el Peine de los Vientos, *broche de hierro que encierra y resume el encuentro de tierra, mar y cielo que se produce de forma inigualable en la Concha donostiarra.*

3. La Parte Vieja

La Parte Vieja ocupa el espacio de la antigua ciudad amurallada, pero son pocos los edificios anteriores a 1813. Sus estrechas calles, llenas de tascas y restaurantes, están muy animadas por la noche.

La Parte Vieja donostiarra es otra ciudad dentro de la ciudad. Un casco antiguo concentrado entre el Bulevar, el monte Urgull y el puerto donde sus escasos, pero notables, edificios monumentales no son, precisamente, lo que hay buscar. Lo primero que llama la atención es precisamente la denominación de Parte Vieja, a pesar de que tiene poco más de 150 años en su estado actual, nunca casco antiguo o centro histórico. Una acepción que revela una intención de distinguirla del resto del casco urbano y una especial querencia de los donostiarras por sus entrañables calles y la actividad que en ellas se desarrolla. Esta parte de la ciudad es lugar de peregrinación obligatoria para los devotos de las rondas de vinos, las cuadrillas, el picoteo de tapas o la desmesura culinaria en restaurantes y sociedades gastronómicas. Un espacio urbano con un pulso de vida particular, íntegramente dedicado al ocio y a la buena vida, donde apenas se ve otra actividad laboral que no sea la comercial y hostelera. Su catálogo arquitectónico no es muy notable, si exceptuamos las iglesias y la plaza de la Constitución, pero no se echan en falta monumentos en su capacidad para reunir una enorme diversidad de paisajes humanos en sus tabernas.

Quienes visiten al ciudad coincidiendo con alguna fiesta o festival, hay un buen surtido en el calendario donostiarra, observarán una parte vieja atestada de gente, con los bares a rebosar y la sociedades gastronómicas en su momento álgido de bullicio. Pero conviene recorrerla también en un día normal para descubrir la Parte Vieja en su mejor momento, con los parroquianos incondicionales de la ronda de vinos deambulando de un bar a otro con sus itinerarios y preferencias marcadas. Puede ser un encuentro feliz con el donostiarra modélico, siempre de agradable y justa conversación y, sobre todo, orgulloso de su ciudad y de la fraternidad a la que se invita en sus bares. La aglomeración de tabernas y tascas ofrece uno de los índices de ocupación mayores de España. Astelena, Alcalde, Gandarias, Martínez, La Viña o La Cepa son algunos de los establecimien-

tos más afamados para degustar buen vino y reponer fuerzas con los distintos tipos de tapas que expenden. Los *pintxos* donostiarras han alcanzado tanta fama como los platos que salen de los fogones de Arzak o Berasategi. Alta cocina en miniatura la han llegado a llamar, y no se exagera, pues se trata de suculentas gollerías muy apropiadas para hacer más digerible y agradable la ingesta de vinos o cerveza.

El centro de la Parte Vieja reside en la plaza de la Constitución, con sus pórticos y fachadas donde aún se conserva la numeración de los balcones de cuando en el lugar se celebraban festejos taurinos y que ahora es el escenario de arranque de los actos festivos del patrono de las ciudad, de su Semana Grande o de la feria de Santo Tomás. En la Parte Vieja se encuentran también las dos iglesias con mas solera de la ciudad, aunque no sean precisamente los lugares más visitados por un tipo de viajero más propenso a dejarse llevar por otro tipo de ceremonias, ligeramente alejadas de las contemplaciones religiosas. En cualquier caso, merece destacarse lo bien integradas que están en el casco antiguo estas dos iglesias: Santa María, que es antigua catedral y sede de la imagen de la Virgen del Coro, y San Vicente, que ostenta el privilegio de ser el edificio más antiguo de la ciudad y superviviente de saqueos e incendios. Próximo a este último templo se encuentra el nuevo mercado de la Bretxa, cuya visita es también obligada si se quiere ver a los donostiarras afanados en su querida actividad de reponer vituallas y hacer la compra. El nuevo mercado ha perdido la solera de las antiguas instalaciones, pero se mantiene fiel al compromiso de exponer los mejores productos de temporada de los caseríos vascos y unos pescados que coletean sobre los mostradores.

Próximo al mercado, San Telmo marca una de las salidas al mar de la Parte Vieja pegada al monte Urgull. Este museo tiene también la mala suerte de haber caído en un ciudad poco propensa a recibir visitantes con ganas de ver centros de exposición o iglesias, pero puede reconfortar al viajero deambular por las galerías y salas de este antiguo convento dominico del siglo XVI reciclado en museo arqueológico y etnográfico.

Sin embargo, la salida natural e ideal de la Parte Vieja se encuentra en el otro extremo, en el viejo puerto de pescadores que aún conserva todo su aroma marinero. Es pequeño, pero de dimensiones justas para una ciudad tan cargada de rincones entrañables. Tras recorrer la parte vieja y sus tabernas, es el mejor refugio para volver a respirar el aire salado del mar y a deleitarse de nuevo con la luminosidad de la bahía de la Concha.

4. Modificaciones urbanísticas

¿Quién destruyó San Sebastián? es el título de un documentado estudio, publicado en 1973, que pretendía aclarar, de una vez por todas, quiénes fueron los culpables del terrible incendio y destrucción de San Sebastián en el año 1813, durante el asedio de las tropas aliadas contra los franceses que ocupaban el castillo de la Mota. Hubo una conspiración de silencio en torno al terrible suceso hasta que, finalmente, el autor del estudio, Juan Bautista Olaechea, decidió investigarlo y sacar a la luz los puntos más oscuros, llegando a la conclusión de que fueron los ingleses los responsables del genocidio y de la destrucción. Claro está que éstos siempre cargaron la culpa a los franceses. Esclarecido este hecho histórico que, con el transcurrir de los años, ya es solamente una anécdota, cabría preguntarse quiénes han ido destruyendo la capital guipuzcoana a lo largo del presente siglo...

La fiebre especulativa que asoló a Europa también afectó a San Sebastián durante muchas décadas. Decenas de hermosos edificios desaparecieron para dar paso a otros, vulgares y ramplones. Afortunadamente, desde los años ochenta, la fiebre inmobiliaria se ha atenido a unas normas urbanísticas respetuosas con la tradición y el estilo que habían conferido a la capital guipuzcoana su peculiar impronta. Pero los males comenzaron tras la última guerra civil.

La supresión del Gran Casino y su conversión en Ayuntamiento fue muy discutida en su tiempo, pero los años han terminado por demostrar su acierto.

No pasa lo mismo con la destrucción del edificio del Gran Kursaal, cuyo vacío solar fue durante muchos años mudo testigo del atentado. Sin embargo, la dignificación de la zona, con la rehabilitación de la playa de la Zurriola y la edificación, según un moderno proyecto de Rafael Moneo, del Centro Kursaal, que integra Auditorio, Centro de Congresos, sala de cámara y sala de exposiciones, parece que hará olvidar polémicas anteriores.

Una lamentable destrucción fue, en 1973, la de la Plaza de Toros del

El paseo de la Concha conserva casi intacto todo el encanto de la decimonónica Belle Epoque, *cuando la reina María Cristina estableció en la ciudad el centro de veraneo de la corona.*

El Kursaal, obra del arquitecto Rafael Moneo, ha pasado a ser uno de los iconos más significativos de la San Sebastián más moderna.

Chofre; durante más de dos décadas se dejó sin coso a una nutrida y entendida afición guipuzcoana que tuvo que vagar por ferias de ciudades próximas hasta la construcción, a mediados de los noventa, de la moderna y polivalente plaza de toros de Illumbe, en Anoeta, no sin gran polémica entre aficionados y antitaurinos.

La creación de los barrios de Gros, en terrenos de propiedad privada, y de Amara Viejo, en las faldas del Aiete, al otro lado del ferrocarril y al margen del ensanche, no fue demasiado afortunada; al igual que la erección en 1950 de ese monumento religioso en el castillo de la Mota, una preciosa fortaleza militar rota por esa estatua gigante del Sagrado Corazón de Jesús, al estilo de la de Río de Janeiro. Ahora, sin embargo, Urgull parecería inacabado si la estatua desapareciese y haría falta el mismo tiempo al menos para que los donostiarras se acostumbrasen a verlo como antes.

Una de las ventajas de San Sebastián es la de estar encajonada entre monte y mar, limitando así sus posibilidades de crecer. Esto le asegura su condición de ciudad manejable y acogedora. Bajo estas líneas, el barrio de Amara.

Hay otros desaguisados que el tiempo no mitiga. La torre de Atocha, junto a la estación ferroviaria del Norte, y la torre del hotel Orly, en una esquina de la plaza de Zaragoza, siguen pareciendo tan fuera de lugar como cuando se construyeron.

Otras asignaturas pendientes se han solucionado ya. Son los casos de la estación de autobuses en el ensanche de Amara; del nuevo estadio de Anoeta, inaugurado en 1993; de la ya citada plaza de toros de Illumbe, o de la peatonalización de parte del Boulevard y zonas adyacentes. En paralelo, se han afrontado retos más costosos que han cambiado la fisonomía de la ciudad, como las rehabilitaciones de la playa de la Zurriola, del Aquarium y del mercado de la Bretxa, que ha abandonado su vieja función de plaza de abastos, pasando a ser un enorme centro comercial según las demandas de los nuevos tiempos. Y, muy especialmente, la integración en la arquitectura urbana del edificio del Kursaal, convirtiéndose en el nuevo icono de la modernidad donostiarra.

Pero, a pesar de los numerosos cambios que se han producido en las dos últimas décadas, la transformación de la ciudad no puede darse aún por concluida, especialmente en lo referente al ocio y a la cultura, donde el Ayuntamiento ha destinado sus últimos presupuestos. El éxito del Guggenheim en Bilbao y del Artium en Vitoria ha permitido

comprobar la alta aceptación y rentabilidad de las inversiones culturales, incitando a los donostiarras a contar también con su museo de arte moderno, cuyo proyecto inicial ocupará el antiguo edificio de Tabacalera. También el viejo museo de San Telmo cuenta con su proyecto de ampliación, aún sin una financiación clara, para convertirse en un museo de arte vasco. O el mercado de San Martín –del que ahora sólo queda el solar– que pasará a convertirse en otro gran centro comercial y de ocio, como el de la Bretxa. Y quedan pendientes otros viejos proyectos con distintos planes de solución al tiempo que se van sumando nuevas ideas urbanísticas, porque los donostiarras trabajan para que la ciudad vuelva a ser lo que fue... Lo que fue, ¿cuándo? ¿A finales de siglo, en la regencia, en la Belle Epoque, en la dictadura de Primo de Rivera, en el franquismo o en la transición? La historia ha transformado radicalmente los planteamientos, y, rendida a la fascinación del nuevo milenio, San Sebastián ha tomado un buen asiento entre las ciudades que se dedican a la cultura, el ocio y los servicios. La ciudad ha asumido una nueva identidad de cara a Europa y al mundo. Atrás quedó la capital de veraneo para el recuerdo y la nostalgia. ◆

Los muros del Kursaal cambian con frecuencia de cara. Desde juegos de luces hasta adornos y colgaduras, hemos podido ver un gran arco iris el día del Orgullo Gay, una gigantesca bandera de la Real o el anuncio del Festival de Cine. Así que si se quiere saber qué se cuece en la ciudad, basta con mirar el Kursaal.

5. El Urumea y los puentes

A un lado del puente de la Zurriola, o puente del Kursaal, se han emplazado los cubos que acogen el Auditorio y el Palacio de Congresos, obra de Moneo. El contraste entre el puente centenario y el complejo vanguardista consigue un efecto de singular armonía.

Muchas ciudades carentes de litoral suelen alegar como desagravio que, al menos, tienen un río y puentes que la embellecen y humanizan. San Sebastián pude presumir también de río y de una de las desembocaduras más nobles y bravías que se recuerden. Es la Donostia más parisina, con edificios notables, un melancólico paseo y unos puentes que remiten al Sena.

Hay que situarse en el de la Zurriola, o del Kursaal, para apreciar bien el Urumea y cómo separa el barrio de Gros del resto de la ciudad. A ser posible, contemplarlo al caer la noche y, para mejorarlo, con tiempo lluvioso y mala mar, con las olas bramando contra la corriente en uno de los encuentros más airosos que quepa imaginar entre aguas fluviales y marinas.

El efecto de las farolas iluminando la bruma es aún más melancólico sobre el conjunto del teatro Victoria Eugenia y el Hotel Maria Cristina. Este puente antes era casi una extensión del antiguo casino del Kursaal, pero el nuevo edificio no le ha quitado carácter, sino que, más bien, hace perdurar el recuerdo de la vieja Donostia de baños, balnearios y casinos. Una estampa que, superado el segundo puente, con el nombre de Santa Catalina, se perfecciona en el tercero, bajo deno-

minación de puente de Maria Cristina. Es, sin duda, el más aristocrático y noble de San Sebastián, con unos extremos rematados por cuatro monumentos, que representan alegorías de la paz y el progreso, inspirados en el puente parisino de Alejandro III.

Este puente cruza el río en busca de la estación del ferrocarril y, por eso, ahora que las entradas a la ciudades son viaductos de autopistas o túneles, es entrañable imaginar lo que suponía entrar en Donostia cuando el ferrocarril era el sistema de transporte de viajeros más usual: salir de la estación y entrar en San Sebastián a través de este puente, descubriendo los viejos edificios decimonónicos del paseo y, al fondo, la línea del horizonte marino. ◆

El puente de María Cristina, de factura ecléctica, fue construido en 1903-1904. Se adorna con varios grupos escultóricos obra de Mariano Benlliure

6. San Sebastián en Fiestas

Las regatas de traineras despiertan el entusiasmo de todos los donostiarras. Los domingos de regatas las alturas frente a la bahía se cubren de gentes venidas de toda Gipuzkoa para asistir a una competición de más de 100 años de antigüedad.

Tres fiestas celebran los donostiarras por todo lo alto: la festividad del Santo, San Sebastián, el 20 de enero; la festividad de la Virgen, el 15 de agosto, y la festividad de su Patrona, la Virgen del Coro, el 8 de septiembre. Cada una de ellas tenía su "t" correspondiente: tamborrada, toros y traineras, respectivamente. Mientras, la Semana Grande donostiarra –eslogan, muy acertado, inventado por el gran promotor Arana– se ha visto colmada con otras grandes atracciones, como las famosas carreras de caballos en el hipódromo de Lasarte y los festejos populares de todo tipo, que incluyen, como gran atracción, el Concurso Internacional de Fuegos Artificiales, que, desde 1964 –año en que fue creado el certamen–, ha tomado carta de naturaleza muy importante. Contemplar la bahía de La Concha iluminada fugazmente por todos los colores del arco iris, en la víspera de la Virgen, el 14 de agosto, es un espectáculo increíblemente bello.

Mucho se ha escrito sobre la tamborrada donostiarra. Para los donostiarras, su amor al *txoko*, a su ciudad, se manifiesta entrañablemente, fuera del bullicio veraniego, la noche del 19 de enero, cuando los tamborreros, vestidos de cocineros o de soldados franceses de la época napoleónica, hacen resonar sus tambores y barriles, en la Plaza de la Constitución, a las doce en punto de la noche, mientras el alcalde de la ciudad procede a arriar una bandera blanca y azul, los colores de la ciudad, desde el balcón del antiguo Ayuntamiento, hoy Biblioteca Municipal. En ese momento solemne se interpreta la *Marcha de San Sebastián*, que se estrenó el 20 de enero de 1861, con música del famoso Raimundo Sarriegui y letra de Serafín Baroja, padre de Pío Baroja. Es una marcha solemne, pomposa, todo un símbolo que emociona a los donostiarras, que siguen ritmo y compás con la letra en euskera: *Bagera, Gure bai, kalera noa beti pozez beti alai!* No hay donostiarra que no se emocione en cualquier rincón del mundo cuando oye estas notas, al igual que otras composiciones, como *Iriyarena*, la *Diana*,

Tatiago, polkas, retretas y también la *Comparsa de Nodrizas (Au Dek Au)* y la *Comparsa de Caldereros (Gau Ibillera)*, composiciones que pertenecen a las fiestas de Carnaval que, días más tarde, se celebran, aunque no hayan llegado a alcanzar el antiguo esplendor de primeros de siglo. También desfila, el mismo día de la festividad de San Sebastián, una tamborrada infantil compuesta por más de 5.000 niños pertenecientes a una cincuentena de centros escolares, comandados por su "General" y presididos por "La Bella Easo" infantil. La primera tamborrada infantil, creación de la Sociedad Euskal Billera, salió por

La cita con el concurso de Fuegos Artificiales es obligada para quienes quieren descubrir la genialidad del hombre en terrenos menos elevados, o más, que los habituales. Buenos puntos de observación son la playa de la Concha, el puerto, donde además se cena de maravilla, o la isla de Santa Clara.

vez primera el año 1927 y, con los años, hizo escuela. Tienen sus componentes el derecho adquirido de tocar en la misa en honor del santo martirizado y de encabezar la tamborrada infantil.

En torno al origen de la tamborrada hay opiniones para todos los gustos. La más aceptada es la que cuenta cómo en una madrugada del 20 de enero de 1836, cuando los mozos de las tahonas y panaderías de la Parte Vieja que acudían provistos de sus barriles a las fuentes de Caño-

La Tamborrada es la fiesta más querida por los donostiarras. Para los foráneos es emocionante ver cómo retumba toda una ciudad.

yetan y San Vicente, y, como siempre, muy dispuestos a armarla, reírse y cantar, se unieron a la comitiva militar que, pasando por la calle de la Trinidad –hoy 31 de agosto–, iba a efectuar el relevo de guardia en las cercanas murallas, marcando el paso, el compás, y la broma habitual en estos casos, especialmente en guarniciones como la de San Sebastián, acostumbrada a soportar militares napoleónicos, británicos, y propios... durante tantos años. Y quienes recuerden las escenas de los niños en la ópera *Carmen*, de Bizet, o la del segundo acto de *La Bohème*, de Puccini, podrán imaginarse que en San Sebastián pasaba algo parecido. Y en ese reírse de las cosas serias, en ese disfrutar de la vida, en esa vitalidad, radica el carácter del donostiarra y del donostiarrismo, rotundamente expresado en su tamborrada.

Los dos primeros domingos de septiembre se celebran en la bahía de La Concha las tradicionales y famosas Regatas de Traineras. Eran las embarcaciones que utilizaban los *arrantzales*, los pescadores, para faenar hasta

comienzos del presente siglo. Cuentan que cuando, desde las atalayas situadas en los montes Urgull e Igeldo, indicaban la presencia de alguna ballena, las traineras rivalizaban por llegar las primeras e intentar su captura. Con el tiempo desaparecieron las ballenas del Cantábrico, pero quedaban las traineras y era lógico que surgieran las rivalidades, los desafíos y las apuestas. Fue en 1879 cuando el Ayuntamiento de San Sebastián organizó por vez primera unas regatas oficiales. Participaron las traineras de Pasaia (Pasajes) y Hondarribia, ganando la trainera *Avante* de Pasaia. Pero la regata más famosa que registran los anales es la que se celebró el 2 de diciembre de 1890 entre las traineras de Ondarroa y San Sebastián. Se corrió a lo largo de diez millas y ganó la trainera *Pólvora,* patroneada por el mítico Carril. Hubo júbilo, fiesta, apostantes que se enriquecieron y otros que se arruinaron. El patrón de la trainera derrotada abandonó Ondarroa y se desterró, voluntariamente, a Castro Urdiales. Ironías del destino, veintidós meses más tarde, Carril y ocho de sus remeros se ahogaban cuando una inesperada ráfaga de viento volcó su trainera de pesca. Sólo se salvaron cuatro componentes de la tripulación. Sin embargo, un siglo más tarde la localidad cántabra de Castro Urdiales, con su embarcación *La Marinera,* ha tenido la ocasión de tomarse su pequeña venganza de la mano del ya legendario Korta, el patrón que más Banderas de la Concha ha ganado, consiguiendo sonadas victorias en estos primeros años de milenio ante el estupor de las embarcaciones guipuzcoanas que, por primera vez en la historia, no conseguían vencer en la bahía donostiarra.

Los domingos de regatas, Donostia es un hervidero de gentes venidas de toda la provincia que inundan las atalayas para presenciar el maravilloso espectáculo de las traineras en acción. El monte Urgull constituye el mejor emplazamiento, ya que permite contemplar el paso por la barra, es decir, la línea que marca la salida hacia el mar abierto, justo donde el mar empieza a estar habitualmente más movido. ¡Cuántos donostiarras y visitantes no habrán hecho su bautismo de mareo al paso de esta barra, temible cuando el temporal arrecia! Pero siempre es un bello espectáculo contemplarlo. Y, luego, cuando las traineras, fácilmente distinguibles por sus colores tradicionales (amarilla la de Orio, rosa la de Pasai Donibane, morada la de Pasai San Pedro, verde la de Hondarribia, blanca la donostiarra), efectúan la difícil ciaboga y enfilan de nuevo hacia la bahía, seguidas por embarcaciones de todo tipo, el espectáculo es de los que perduran en el recuerdo. ◆

7. La música y el cine

Son muchos los mitos que se han paseado por las calles de San Sebastián con motivo del Festival Internacional de Cine. En la página siguiente, de arriba abajo, Bette Davis, Audrey Hepburn y Rosi de Palma. Bajo estas líneas, el Orfeón Donostiarra, de fuerte proyección internacional.

Tres son los motivos por lo que Donostia es conocida en España y fuera de ella: la playa de La Concha, el Festival Internacional de Cine y el Orfeón Donostiarra. De las playas y de la bahía de La Concha ya hablamos bastante en esta guía, pero de los otros dos motivos de orgullo de todo donostiarra lo haremos a continuación.

De todos es conocido el espíritu musical del pueblo vasco, de quien se dice casi en plan de chiste que si se juntan cuatro, forman un cuarteto; si son ocho un *otxote* y si el número es mayor, crean un orfeón. Bromas aparte, lo que sí es cierto es que la densidad de coros, corales y orfeones en Euskalherria –y especialmente en Donostia– es mucho mayor que en cualquier otro lugar del planeta. Además del Orfeón Donostiarra, recordemos el Coro Easo, la Coral San Antón de Bilbao, la Coral Iradier de Vitoria, la Coral de Cámara y el Orfeón de Pamplona y, entre los certámenes, el Internacional de Tolosa y el Udazkenean Folk de San Sebastián.

El Orfeón Donostiarra se creó en 1897 con elementos típicamente donostiarras –la mayoría euskaldunes– y ya en 1906 obtuvo el Grand Prix d'Honneur en París. Desde entonces ha paseado su bien hacer por todo el mundo. Ha cantado con las mejores orquestas, una de las cuales –la sinfónica de Euskadi– tiene su sede en Donostia, y sus triunfos se cuentan por actuaciones. Varios discos recuerdan actuaciones memorables y el último, por ahora, se ha editado en conmemoración de su centenario.

Pero el hambre musical de los donostiarras no se alimenta sólo de su querido y admirado orfeón. Su espíritu universal se muestra en las múltiples actividades musicales, entre las que destacan el Festival de Nuevas Músicas en abril, el ciclo de ballet moderno Maiatza Dantzan, la Quincena Musical en agosto, el Festival de Jazz en julio o el Udazkenean Folk en octubre.

En cuanto al cine, la afición de los donostiarras viene de antiguo, desde que un 5 de julio de 1895 se presentó en la ciudad el Kinetóscopo y, un año después, un operador de la empresa Lumière proyectaba las primeras imágenes animadas...

La primera edición del Festival tuvo lugar en julio de 1954 gracias al empeño de varios comerciantes que quisieron dar más lustre a la ciudad haciéndola sede de un festival internacional. Hasta 1972 se celebró durante el mes de julio, pero a partir del 1973 pasó al de septiembre y durante los años de nuestra larga posguerra fue una de las pocas ventanas abiertas al exterior, sin contar las escapadas que se hacían al vecino Biarritz para ver lo que aquí estaba prohibido.

El Festival, a lo largo de su historia, ha tenido épocas de alza y baja, pero tras unos años en que algunos le achacaban exceso de elitismo o esnobismo y falta de sintonía con las preocupaciones del país, ha sabido conjugar con sus distintas secciones los intereses de todos los aficionados y convertirse en uno de los grandes. De todas formas, el glamour del festival, con la presencia de los astros del mundo del cine, por unos días, en la ciudad, llena de curiosidad y satisfacción a la mayor parte de los donostiarras.

8. Las sociedades gastronómicas

Si hay algo genuinamente donostiarra, típicamente donostiarra, lo son sin duda alguna las sociedades gastronómicas y el *txiquiteo.* Últimamente se les ha dado por llamar sociedades populares, pero lo cierto es que con sociedad basta. "¿Dónde está Fulano?". "En la sociedad", es la respuesta exacta y sin más. Lo de gastronómica se empleaba mucho en los tiempos del franquismo, porque la constitución de sociedades de recreo y su aprobación por la correspondiente jefatura política provincial complicaba mucho los trámites. Aclarando como finalidad única y primordial la gastronomía, no había sospechas de actividades políticas o conspiraciones soterradas que ciertamente jamás las hubo. Las sociedades donostiarras han sido siempre el refugio de los varones frente al matriarcado vasco. No olvidemos que en las mismas estuvo siempre prohibida la entrada de mujeres y solamente se hacía excepción el 19 de enero, en la víspera de la festividad de San Sebastián, patrono de la ciudad, y el día de la Virgen, el 15 de agosto. Aunque en muchas de ellas esta norma ya ha desaparecido, en algunas todavía tiene vigencia.

Al pasar junto a la puerta de muchas de estas Sociedades, es difícil evitar que se nos haga la boca agua debido a los deliciosos aromas que se escapan de ellas. En la foto, la Sociedad Gaztelubide, una de las más famosas de la ciudad.

La primera sociedad fue la Unión Artesana, decana de todas las existentes, fundada el 14 de mayo de 1870 y que organizaba la Tamborrada matinal de la festividad donostiarra. Señeras lo han sido siempre Gaztelupe y Gaztelubide, ambas emplazadas en la Parte Vieja, donde tienen su sede una veintena. Existen otras en los barrios de Gros, Amara y El Antiguo. También en la provincia existen muchas, al igual que en el resto de Euskadi. En Madrid, los donostiarras mantienen una en activo, y existen también en Latinoamérica, en países con clara influencia de emigrantes vascos, como Venezuela, Argentina y México.

Una sociedad no es clasista. Está abierta a todos los estamentos sociales y se basa en la amistad, mutua confianza y respeto total a las ideologías. Son lugares de relajo, de relaciones sociales, de conocimiento... ¿Qué hacen esos cientos de hombres encerrados en esas capillas, casi siempre ubicadas en los bajos de algún edificio? Charlan, discuten, ríen, beben, comen, cantan... si se tercia. Son "mentideros" masculinos, donde siempre se ha tenido a gala no contar con la mujer –sea la esposa, la novia– para nada.

En estas sociedades se suele comer o cenar el mejor pescado de la ciudad, porque algunos socios se ocupan de asuntos pesqueros, son armadores, patrones de pesca, transportistas que envían el género (el pescado traído por los vaporcitos, por la pareja de arrastre) a Madrid, Barcelona... y siempre queda lo mejor para los amigos de la Sociedad. Luego hay muchos que saben preparar la merluza, las *kokotxas,* el besugo como es debido, y los chipirones, de lancha por supuesto, pescados con anzuelo y servidos sin arroz blanco, costumbre jamás aceptada por los vascos en la condimentación de este exquisito plato, el bacalao, las angulas o el mero, el rape o lo que salga... y la sidra del país a mano, de Astigarraga generalmente, o el *txakoli* de Getaria, o un vino riojano, que en Euskadi goza de las preferencias. Se calcula que uno de cada siete donostiarras pertenece a alguna sociedad y paga su cuota, que no es elevada. No resulta nada difícil visitar alguna de ellas y es más bien recomendable hacerlo. Gaztelubide, emplazada en la subida al Castillo, junto a la iglesia de Santa María, ha sido la más abierta y receptiva para relaciones públicas y actos oficiales.

De todos modos, los cambios que han tenido lugar en la sociedad, los avances conseguidos en la equiparación de hombres y mujeres, tienen su reflejo en la mayoría de las sociedades, cuyos reductos se abren a todos, sin distinción de sexo. Con la apertura, algo muy peculiar y donostiarra está desapareciendo. Pero no hay que lamentarlo. ◆

9. El shirimiri

Cuenta en una de sus crónicas el escritor Luis Carandell que, en cierta ocasión, le enviaron a Donostia. Pero antes de efectuar el viaje me preguntó: ¿A qué hora es el *shirimiri*? Era una provocación, porque sabía que amo el *shirimiri* –de difícil pronunciación para extraños y visitantes, que pronuncian *chirrimirri*– como lo aman todos los donostiarras.

Impregna una manera de ser... y el mismo ser, si uno no es prevenido. Por algo los castellanos utilizan la expresión "cala bobos".

Para luchar contra el *shirimiri* los donostiarras se inventaron la boina, la *txapela,* prenda que poco a poco, y a pesar de los esfuerzos de algunos, va cayendo en desuso.

El *shirimiri* aplaca los nervios, relaja el cuerpo, impregna el ambiente de una dulce melancolía, difumina el mar...

Es bonito y hermoso visitar San Sebastián en verano, cuando, en el mes de agosto, celebra su Semana Grande, pero la ciudad en otoño e invierno, con ese clima tan benigno y suave gracias a la corriente del Gulf Stream, tiene su natural y peculiar encanto. Cuando llueve, la ciudad se refugia en la Parte Vieja, donde cientos de bares, tascas, restaurantes y sociedades gastronómicas ofrecen refugio, bullicio, amistad y camaradería.

Jardines de Alderdi-Eder, con el Ayuntamiento al fondo.

O discurre bajo los pórticos de esa plaza de Gipuzkoa, tan francesa ella, con ese encanto demodée o por las arcadas de la plaza del Buen Pastor.

Nada más romántico que pasear con los pies descalzos por la playa de la Concha, con el paraguas sostenido y abierto, dejándonos mojar los pies por esas olas que vienen y van, como nuestras vidas, con nostálgico ritmo de habanera.

De todas maneras, ya lo dijo una vez el gran escritor francés André Maurois: "Cuando hace buen tiempo, San Sebastián es el mejor lugar del mundo". Sin embargo, ¡qué bonito es ver llover!...

10. Historia

Los peregrinos compostelanos que preferían la costa al paso de Roncesvalles sabían que en una preciosa bahía, con dos pequeñas islas en medio, existía una capilla dedicada a San Sebastián, un legionario romano que murió a flechazo limpio por sus compañeros cuando descubrieron que era cristiano, ignorando, por supuesto, que terminaría siendo el patrón de una hermosa ciudad y símbolo de los homosexuales postmodernos que enloquecían, en los años cincuenta, viendo, en el filme italiano *Fabiola,* al actor Massimo Girotti atado a un tronco, semidesnudo, tal como la simbología nos lo muestra siempre. También el francés Debussy ayudó a fomentar la devoción al mito, con su famoso oratorio dedicado al atractivo soldado romano.

El santo tuvo su capilla en lo que hoy se llama barrio de El Antiguo y ahora, en su lugar se yergue una iglesia de nulo valor artístico. Como en euskera se asimiló la expresión latina *Dominus Bastianus,* con el transcurso de los años se terminó diciendo *Donostia* a la ciudad y donostiarras a sus habitantes.

Hubo durante años un intento de llamarla Easo, por aquello de que existió una población romana denominada *Oarso,* en el cercano valle de Oiartzun, y algún cursi comenzó a llamarla La Bella Easo, pero poco se utiliza en la actualidad, la expresión, aparte de la denominación comercial de unas magdalenas.

Por San Sebastián todo el mundo pasaba, pero pocos se quedaban. Tampoco tenía mucho que ofrecer, con cuatro casas. La primera vez que la Historia hace mención de la ciudad es en el siglo XI, cuando el rey navarro Sancho el Mayor cede al monasterio de Leyre el término de San Sebastián y sus alrededores, muy extensos por cierto. Será otro rey navarro, Sancho el Sabio, el que le concederá, en 1180, el fuero como premio a su designación como puerto del reino navarro.

Con el fuero llegaron también los gascones desde Francia. Gascón era D'Artagnan, aunque todavía no había nacido. Pero sabemos que los gascones fueron siempre gente alegre y, al parecer, su manera de entender la vida se la contagiaron a los donostiarras, un poco mal vistos por los vascos del interior, que les llamaban de todo y especialmente *txoriburus* y *kaskariñas;* pero la verdad es que un donostiarra será siempre un *jatorra,* es decir, un hombre vitalista, amante de la vida, socarrón, humorista, buen *gourmet,* buen *gourmand* y abierto al mundo.

INCENDIOS Y OTROS INFORTUNIOS

Junto a las actividades portuarias surgieron lógicamente lo que ahora llamaríamos servicios anexos, como los astilleros y las ferrerías, especialmente junto al río Urumea, que todavía no se había contaminado. Todo hubiera marchado mucho mejor si no hubiera sido por culpa de los malditos incendios. Desde 1265 hasta 1813, la ciudad ha contabilizado doce a través de su historia. Todos por culpa de los materiales que la ciudad albergaba, de la imprudencia, de las galernas... Hubo incendios que llegaron a apagarse con sidra y es de suponer que los bomberos de aquella época serían voluntarios sin más dilación. Pero el incendio más serio, dramático y escalofriante fue el acaecido el 31 de agosto de 1813, cuando la ciudad estaba sitiada por las tropas aliadas, ingleses en su mayoría, junto a portugueses y españoles. Dentro, las tropas napoleónicas en uno de sus últimos reductos en suelo español. Una lápida en la calle San Jerónimo, una de las entradas de la Parte Vieja, reza: "Los aliados tomaron por asalto esta ciudad ocupada por el ejército invasor. La incendian, saquean y degüellan gran número de sus moradores".

Los ingleses tuvieron mucho que ver en el desaguisado. Ahora todo está olvidado. Y sólo quedan las lápidas. Pero esta segunda, que se exhibe en la casa de Aizpurua, en el barrio de Zubieta, dice mucho de la voluntad y tesón de los donostiarras: "VIII de setiembre de MDCCCXIII. Reunidos en Zubieta los habitantes dispersos a consecuencia de la hecatombe del XXXI de agosto acuerdan reedificar la ciudad presa todavía de las llamas".

Hubo un soñador para un pueblo, el maestro de obras Ugartemendia, que proyectó una nueva ciudad bellísima en forma de estrella, pero la realidad se imponía por premura de tiempo, falta de casas y dinero. Y al final, los

Ruinas del salón de sesiones de la Diputación Provincial destruido por el incendio de 1886.

donostiarras construyeron la Parte Vieja, hoy llena de encanto, ambiente y numerosos restaurantes y bares. Ya hablaremos de ello.

Pero no toda la culpa de las desgracias de San Sebastián la habían tenido los incendios. Obligada siempre a acoger guarniciones militares, como plaza fuerte que era, dominada por tres veces por las tropas francesas, desposeída por el gobierno de Godoy del puerto de Pasajes (era proverbial su fobia antidonostiarra) y debilitada la vida comercial tras el declinar de la famosa Compañía Guipuzcoana de Caracas, que tanta riqueza proporcionó a San Sebastián, bien puede decirse que, a los diez años de su destrucción, en 1823, la ciudad ya había superado sus crisis. Tenía 6.000 habitantes, cifra superior a la de antes del fatídico incendio, y había conseguido también la capitalidad de la provincia. Y tras la sublevación de Riego, el trienio constitucional le deparará a la capital donostiarra la oportunidad de contar de nuevo con la política proteccionista del gobierno de Madrid, imponiendo las aduanas en la frontera y no en el Ebro. Pero no contaban los donostiarras con los cien mil hijos de San Luis que pasaron por la ciudad en su invasión para restablecer la monarquía absolutista. Pánico general en la ciudad, y justificado. No hay más incendios, pero Fernando VII traslada la capital de Gipuzkoa a Tolosa.

Y una cosa todavía peor: el cierre del puerto de San Sebastián, como puerto habilitado para el comercio con América, que ponía un triste broche a la gran tarea desarrollada por la citada Compañía de Caracas. Curiosamente fue la primera compañía por acciones constituida en España, y la fundó el conde de Peñaflorida, Francisco de Munibe, en 1728. Vendrán las guerras carlistas más tarde y, nuevamente, Donostia en medio de dos fuegos y los británicos interviniendo

Incendio de 1893.

1. *Grabado de San Sebastián en el siglo XVIII.*
2. *Cartel de una corrida de toros de 1881 en la que toreaba Frascuelo.*
3. *Las nodrizas se distinguían de las ama secas por el uniforme.*
4. *Grupo de vascos.*

5 *Antigua Plaza de Toros del Chofre, frecuentada por la afición hasta 1973, año en que fue tirada abajo.*

6 *Este cartel refleja cómo era la ciudad en el siglo XIX.*

7 *Grabado de 1919 que representa la salida de balandros con motivo de las regatas nacionales.*

otra vez. Pero quienes murieron fueron honrados con un bello cementerio, el famoso cementerio de los Ingleses, en el monte Urgull, del que también hablaremos.

LOS VERANEOS DE LA CORTE

Por fin, con la regencia del general Espartero en 1841, todo empieza a ir bien para San Sebastián, y en 1854 recupera definitivamente la capitalidad. Nuevamente vuelven las aduanas a las fronteras y la economía guipuzcoana es incluida en el proteccionismo arancelario español, con lo que se ponen las bases para el desarrollo industrial de Gipuzkoa. De ahí se dará la curiosa coexistencia de una provincia rica con una capital que poco tiene que ver en su desarrollo. Hasta que un día, como en un cuento de fábula, el hada en forma de médico madrileño le echará una mano y la convertirá en una gran ciudad para el turismo nacional e internacional. Y es que un doctor aconseja a la quinceañera reina de España, Isabel II, una cura de baños de mar en el norte como tratamiento para una enfermedad de la piel que padecía. La reina le hizo caso, aunque nunca se curó de la dolencia. Pero lo importante es que llegó a San Sebastián el 1 de agosto de 1845 y con ella su séquito, el cuerpo diplomático, nobles, *snobs*, menestrales y cualquiera que en el otoño quisiera aparentar en la capital de España. Los donostiarras reconocidos le dedicaron una calle a Isabel II muy a última hora, en el barrio de Amara, pero nadie se acordó del doctor. Gracias a ese gesto, también acudieron más tarde a visitarla Napoleón II y Eugenia de Montijo, que se inventó el veraneo en Biarritz, prefiriéndolo a Dinard en la Bretaña (donde todavía la están esperando con un palacio que lleva su nombre), y el mismísimo Bismarck, que escribió a su mujer cartas amorosas desde Donostia.

San Sebastián fue, durante mucho tiempo, el lugar preferido por la realeza para pasar las vacaciones. Bajo estas líneas, la reina María Cristina y su hijo Alfonso XIII.

Con la reina Isabel II se consiguió, en 1863, cincuenta años más tarde de la gran decisión tomada en Zubieta, que Madrid diera el permiso para derruir las

murallas que asfixiaban a la ciudad, limitada a lo que hoy es la Parte Vieja. Las murallas de San Sebastián tenían siglos de existencia y fueron los Reyes Católicos quienes se preocuparon de reforzarlas, cuando se tomaron el descanso tras la toma de Granada. Y Boabdil el Chico ignoraba que su espada terminaría en el museo de San Telmo. Hay una lápida –otra más– en el muelle, junto al portalón de entrada por esa parte, que lo atestigua. Y tras las fiestas del derribo de las murallas se empieza rápidamente a tirar del cordel para edificar una nueva ciudad, la zona que ahora se denomina "romántica", preciosa y cuidada, y que tanto recuerda las bellas ciudades francesas. Y al año siguiente, otra alegría. Se inaugura la estación del ferrocarril del Norte. Se acabaron los viajes en diligencia, que duraban casi tres días desde la capital. Ya no había excusa para no veranear en San Sebastián.

Cuatro años más tarde, el 30 de septiembre de 1868, una huésped regia del Hotel Inglés –hoy Hotel de Londres y de Inglaterra– paga la cuenta, llora amargamente y se dirige a la estación del Norte para tomar el tren del exilio y del destierro. Era Isabel II.

San Sebastián estaba ya lanzada como ciudad turística, pero casi veinte años después, otra reina, regente en este caso, María Cristina de Habsburgo, elegirá la ciudad como sede oficial del veraneo real. Era el año 1887, año importantísimo para Donostia porque se inaugura también el famoso Casino, que hoy ocupa el ayuntamiento. Durante cuarenta y dos años la Reina Madre acude a la cita veraniega y sólo falta cuando Estados Unidos nos declara la guerra por culpa de aquel barco, el *Maine,* hundido frente a las costas de La Habana. Acude al palacio de Ayete primeramente y después se hace construir el Palacio Real de Miramar.

El Ayuntamiento no sabe qué hacer con el dinero que llega a sus arcas. Luego vendría la construcción de otro casino, el llamado Kursaal. Se inician las obras del maravilloso Paseo Nuevo...

Atraído por la ruleta, llega un público cosmopolita a la ciudad. Aparecen grandes atracciones artísticas internacionales. Los coros de los cosacos rusos despiertan una gran admiración, porque los donostiarras son unos grandes aficionados al canto coral. Aquella visita hará que varias canciones populares rusas se incorporen para siempre al repertorio vasco.

Ostende, Dauville, Niza, Brighton, Monte Carlo, San Sebastián. Esto era Europa antes de la Segunda Guerra Mundial. Pero la Belle Epoque donostiarra termina antes, en 1936, con la Guerra Civil.

LA DICTADURA FRANQUISTA

San Sebastián tuvo suerte durante la contienda, aunque de vez en cuando se acercaba un barco de guerra –el *Cervera*– y disparaba unos cañonazos. Llegan los cuarenta de Artajona, una compañía de requetés de un pueblecito navarro del cual nadie tenía noticia cierta aquel 13 de septiembre de 1936, y toman la ciudad. Para San Sebastián había terminado la guerra, aunque no los problemas. Todavía en las fachadas del Hotel María Cristina y del Teatro Victoria Eugenia se pueden observar los agujeros causados por proyectiles lanzados por uno y otro bando. Tras la guerra, San Sebastián y los donostiarras se encerraron en sí mismos y en su Concha. La ciudad languidecía en el otoño, al atardecer los colegiales trotaban por el paseo de La Concha y los tamarindos ocultaban tímidos escarceos amorosos; casi moría en invierno y sólo despertaba en verano, para recibir a los veraneantes, entre los que se incluía Franco y su séquito.

Franco reunía a su gobierno en el palacio de Ayete y se iba en su yate *Azor* –que fondeaba en medio de la bahía– a pescar atún. Chistes y anécdotas a cuenta de sus aficiones de pescador se contaban por doquier. Algún nacionalista vasco se ganaba alguna paliza que otra. Hubo uno –fontanero de profesión– que consiguió encaramarse en la aguja de la iglesia del Buen Pastor y dejar ondeando una *ikurriña*.

Un día llegó a la ciudad, invitado por Franco, el conde Ciano, el yerno de Mussolini. La ciudad vivió unas pletóricas jornadas porque no se reparó en gastos. Ciano sonreía, ignorante de que años más tarde esa sonrisa se le helaría en un campo de tiro de las afueras de Verona, sentado en una silla, a manera de jinete, de espaldas al pelotón que su suegro había dispuesto. También vinieron los soldados de Hitler en plan turista, porque habían ocupado casi toda Francia y se aburrían. Asistieron a algunas corridas de toros. Antes, Franco había hablado con Hitler en Hendaya.

También los donostiarras tenían su motorista, como en la Rímini de Fellini. Contaban de él hazañas increíbles: "en cinco horas ha ido de noche a Madrid". Aseguraban que, siempre de noche, recorrió ambas márgenes del Urumea, desde el puente de la Estación al puente de Hierro, por encima de su barandilla pétrea. Pobre río Urumea, olía tan mal que tentados estuvieron algunos alcaldes de abovedarlo y ocultarlo... La culpa la tenían las fábricas de papel, las industrias surgidas en el interior, en sus orillas. Pero en esa época nadie se preocupaba en demasía de la estética, la ecología o el medio ambiente.

EL SIGLO XXI

En el abandonado palacio de Miramar, el príncipe Juan Carlos y su hermano Alfonso –que tendría un trágico final– estudian rodeados de serios e insignes preceptores. Quizás, piensan algunos, podrá seguir la tradición de los veraneos regios, cuando muera Franco... Pero Franco muere, llega la democracia y Euskadi entra en convulsión. Las reivindicaciones nacionalistas, que la Guerra Civil había acallado, vuelven a surgir con más fuerza y entidad que nunca. Toda una concepción de la ciudad se trastoca. San Sebastián ya no será la ciudad de los veraneantes regios y su cohorte, sino la capital de una provincia industrial volcada en la necesidad de dotar a sus propios habitantes de servicios que eleven su calidad de vida. En los primeros años del nuevo siglo, los distintos gobiernos municipales han afrontado los problemas urbanísticos con nuevos barrios de viviendas de protección oficial que han expandido la urbe, aun cuando no ha incrementado el número de sus habitantes, que sigue estancado en los 180.000. El centro también se ha ido transformando en beneficio de los propios donostiarras. Se ha impuesto la primacía del peatón cerrando al tráfico rodado parte del Boulevard, de la zona del Buen Pastor y de Gros. En conjunto la ciudad se ha humanizado, pero la bondad de los cambios ha permitido que no se haya perdido ni un ápice de su antigua belleza. Tras las convulsiones de los años 80 y 90, San Sebastián poco a poco recobra su brillo en la certeza de que ha encontrado una nueva personalidad, sin haber perdido ninguno de sus atractivos.

La historia transforma los pueblos y con ellos, las ciudades. San Sebastián de cara al año 2000 intenta ser una ciudad abierta a Europa e involucrada en un proceso acelerado de euskaldunización, buscando una nueva personalidad.

Posiblemente la hallará, pero será otro San Sebastián, ni mejor ni peor, sino distinto. ◆

Parque Tecnológico

VISITA A LA CIUDAD DE SAN SEBASTIÁN

- Itinerario básico
- Itinerario complementario

Visita a la ciudad de San Sebastián

San Sebastián es desde 1854 capital de la provincia de Gipuzkoa, un pequeño territorio del País Vasco dentro del Estado español, que tiene una extensión de 1.977 km^2.
La extensión de San Sebastián es de 6.180 ha y limita al norte con el mar Cantábrico; al sur, con Lasarte, Hernani y Astigarraga; al este, con Pasaia y Renteria y al oeste, con Orio y Usurbil. Cuenta en la actualidad con una población de 180.344 habitantes.
Situada escasamente a 20 km de la frontera francesa, goza de un clima benigno en todas las estaciones del año, sin fríos ni calores excesivos, lo que le permite mantener un constante paisaje verde limitado por las cimas de los montes que la rodean.
A causa de los numerosos incendios sufridos, San Sebastián es una de las ciudades más modernas de España. Su urbanismo se caracteriza por la horizontalidad y rectitud de las calles.
A pesar de la expansión de los últimos años, ofrece las comodidades de la pequeña ciudad junto a las ventajas de las grandes capitales. ◆

Planificación de la visita

A continuación se sugiere para conocer la ciudad de San Sebastián un recorrido denominado **Itinerario básico,** que se complementa con la propuesta de visita, **Otros lugares de interés.**
En el primero de los casos se comienza el paseo con la contemplación de una muestra del escultor Eduardo Chillida, el Peine de los Vientos, para continuar con la colindante Ondarreta y seguir por los lugares más atractivos de la ciudad y acabar en la plaza de Gipuzkoa.
Para facilitar los recorridos por la ciudad se dispone de un plano, en las páginas 36-37.
Por otra parte, con el fin de facilitar la localización, después de cada monumento o lugar de interés aparece una letra y número, entre paréntesis, por ejemplo, **Peine de los Vientos★** (B1), que indica el cuadrante del plano en el que se puede encontrar dicho museo. Las estrellas (★ o ★★) hacen referencia a la importancia o su especial interés. ◆

SIGNOS CONVENCIONALES EN LOS PLANOS

- Edificios de interés turístico
- Parques y jardines
- i — Información turística
- P — Aparcamientos

Itinerario básico

- Peine de los Vientos★
- Ondarreta★
- Palacio de Miramar★
- Paseo de La Concha★★
- Plaza de Cervantes
- Alderdi-Eder★
- Ayuntamiento★
- Real Club Náutico
- La Parte Vieja★
- Basílica de Santa María★★
- Plaza de la Trinidad
- Iglesia de San Vicente★
- Museo de San Telmo★★
- El Boulevard★
- La Bretxa
- El Kursaal★
- Los tres puentes★
- Catedral del Buen Pastor
- Zona romántica★
- Plaza de Gipuzkoa

San Sebastián es la ciudad de los "treses". Tres son sus playas, La Concha, Ondarreta y La Zurriola; tres sus montes, Igeldo, Urgull y Ulia; tres sus puentes, Zurriola, Santa Catalina y María Cristina; tres sus embocaduras o bocanas que van a dar al mar –las dos de La Concha y la de La Zurriola–, de tal manera que alguno se empeñó en llamar a la ciudad "Iruchulo" o "Iru zulo", por aquello de los tres agujeros. Según el historiador José Luis Banús y Aguirre, la culpa es de Garibay, que "fue un gran historiador pero un pésimo etimologista". Garibay se pasó en su afán por averiguar y aclarar por qué San Sebastián, al parecer, se llamaba Izurun *en tiempos romanos.*

El trenecillo turístico bautizado Txu-Txu *(léase chú-chú), que en los meses de verano recorre en media hora los lugares más típicos y atractivos de San Sebastián –el artilugio parece arrancado de un tiovivo, y montados en él todos nos sentimos niños–, se queda corto en su itinerario, lógicamente.El* Txu-Txu *arranca junto al Ayuntamiento y recorre la bahía de La Concha, por todo el paseo, lo más cerca posible del mar. Es una primera impresión hermosa, especialmente si la jornada acompaña con tiempo soleado. El trenecillo, nada más traspasar el túnel de El Antiguo, da la media vuelta. Aquí es donde empieza el servicio especial de nuestro* Txu-Txu *privado.*

MAR CANTÁBRICO
A
B
C
D
1
2
Faro de Igueldo
Monte Igeldo
Parque de Atracciones
Funicular
Punta Torrepea
Peine de los Vientos
Isla de Santa Clara
Real Club de Tenis
Playa de Ondarreta
Bahía de la Concha
Avenida de Satrústegui
Pico del Loro
Zumalacarregui
Avda. de
Palacio de Miramar
Playa de La Con
Calle Matía
Parque del Palacio Real de Miramar
a Bilbao, 119 km
a Madrid, 471 km
Paseo de Heriz
Miraconcha
Alto de Miraconcha
Paseo del Duque de Baena
Aqu
Pe
O
Cue
Camino
al Palacio de Ayete

PLANO DE LA CIUDAD

El peine de los Vientos. Obra de Eduardo Chillida.

• PEINE DE LOS VIENTOS* (B1)

Nada mejor que seguir adelante, hasta el otro extremo de la Bahía, para iniciar el itinerario más sugerente, que arrancaría en el famoso *Peine del Viento* —así, en singular, aunque todo el mundo, incluidos los organismos oficiales, lo llamen *Peine de los Vientos*–, obra maestra y emblemática del escultor Eduardo Chillida, uno de los grandes artistas vascos contemporáneos, junto a Jorge de Oteiza, Néstor Basterrechea, Agustín Ibarrola, Remigio Mendiburu y otros muchos.

Curiosamente, el escultor, fallecido en 2002, fue en su juventud portero del equipo de fútbol de la ciudad. Luego, la vocación de la forja del hierro le surgió con fuerza impetuosa en un primer taller que tuvo en Hernani.

El *Peine de los Vientos* es un conjunto de tres grandes esculturas de hierro macizo, engarzadas en las rocas y salpicadas o azotadas por las olas, y un rincón urbanizado por el arquitecto Luis Peña Ganchegui en gradas y plataformas de granito rosado con algunos orificios por donde a veces salen sorpresivamente chorros rugientes de agua a presión. Siempre es un lugar atractivo, pero en días de mar movida es un espectáculo impresionante.

• ONDARRETA* (B-C1)

Junto al Peine de los Vientos finaliza la carretera, que murió hace muchos años por falta de presupuesto y que tenía que haber llegado hasta Orio bordeando la costa. Este tramo ha tomado el nombre de paseo del Peine de los Vientos. Retrocedamos y, dejando a la derecha las instalaciones del **Real Club de Tenis** (B1), iniciemos el paseo por el borde de la bahía de La Concha, el paisaje más famoso y conocido de la ciudad. Circundada por las playas de Ondarreta y de La Concha, su perímetro en bajamar, aseguran los folletos, es de 850 m. Toda una tentación. Dejando el Tenis, embocamos en Ondarreta y su playa, que siempre ha sido considerada la más aristocrática, la más clásica de las tres –la tercera es la del barrio de Gros–, debido, quizás, a que los chalets,

Playa de Ondarreta e isla Santa Clara.

Richard Strauss en la plaza de toros

El 17 de mayo de 1908 se inauguraba en un barrio cercano, el de Martutene –ahora tristemente conocido por ubicar en él la cárcel que sustituyó a la antigua de Ondarreta– una plaza de toros, que tenía la particularidad de estar cubierta con un techo de cristal. Era la primera de España en su género. De pequeñas dimensiones –tenía un diámetro externo de unos 80 m– fue clausurada en 1923 porque no resultó rentable. En los anales de su pequeña historia quedará constancia de un concierto memorable, el de su inauguración, con la Orquesta Filarmónica de Berlín y Richard Strauss al frente que, en el programa, ofreció dos obras suyas, de su cosecha: Muerte y transfiguración *y* Las travesuras de Till Eulenspiegel, *junto a obras de Wagner y Beethoven. El público "entendido" no respondió y hubo floja entrada, pero el éxito fue delirante a juzgar por las críticas de la época.*

hotelitos, villas y mansiones residenciales de la zona atrajeron siempre a un veraneante cosmopolita y adinerado. En esta playa se bañaba la famosa Catalina de Erauso, la monja alférez, un personaje mítico de la historia, que combatió disfrazada de hombre en América y que, en la realidad, no era tan guapa como la encarnaron las actrices María Félix y Esperanza Roy en sendas películas biográficas, rodadas con 40 años de diferencia. *La monja alférez* de 1944, del director Enrique Gómez Muriel y la de 1986, del donostiarra Javier Aguirre. Seguramente, su fealdad le ayudó en su travestismo. Se bañaba en esta playa porque su convento estaba en el barrio de El Antiguo, cercano a esta playa, y que muy poco ofrece al turista. El convento de la monja alférez ya no existe, como tampoco existe la cárcel de Ondarreta y, en su lugar, se yergue una escultura del artista navarro José Ramón Anda "Zehalki", toda una expresión de virilidad. Era un siniestro edificio, como todas las cárceles. El antiguo tranvía de Igeldo paraba justo enfrente de su entrada. Nunca olvidaré, siendo niño, una parada del tranvía ante la puerta de la cárcel. Dos hombres menudos, silenciosos, con el pelo casi al rape, detuvieron el tranvía. Sostenían sendas y pobres maletas reforzadas con cordeles. Subieron, observados por los centinelas; arrancó el tranvía y se abrazaron emocionados en silencio. Yo me sentí culpable, y no sé por qué. Venía de Igeldo de montar en los ponis.

Desde Ondarreta, echando un vistazo a la ladera o falda del monte Igeldo, se observa un magnífico edificio de piedra, con dos torreones. Son las **Torres de Satrústegui** y en los tiempos de la Belle Époque todo el mundo sabía cuándo eran las doce porque ondeaba una gran sábana blanca, desde una de sus ventanas, avisando a sus niños que era la hora del almuerzo y tenían que regresar.

• PALACIO DE MIRAMAR* (C1-2)

Terminado el recorrido por la orilla de la playa, se aconseja tomar de nuevo el paseo marítimo, recientemente acon-

dicionado con un carril de bicicletas que no ha gustado nada a los puristas del donostiarrismo, y bordear el túnel del Antiguo por el Pico del Loro –hasta la década de los 60 no existía tal paseo y había que cruzar el infernal túnel, repleto siempre de coches–, para acercarse al palacio de Miramar y penetrar por su preciosa puerta de hierro forjado, derribada violentamente por los apasionados republicanos el día que en España se proclamó la República, el 14 de abril de 1931. Era un feudo monárquico, de resonancias ciertamente inglesas. El palacio de Miramar, anteriormente denominado "Real" –aquí todo era "real", hasta el equipo de fútbol, cuya denominación "Real Sociedad de San Sebastián", ha estado muy cuestionada en algunos momentos–, se inauguró el 19 de julio de 1893, y lo sufragó la reina María Cristina de Habsburgo. El proyecto se debe al arquitecto inglés Selden Woknum, aunque su realización corrió a cargo del arquitecto municipal José de Goikoa. Es de estilo "cottage inglés Reina Ana" y se encuentra en medio de unos 34.000 m^2 de jardines diseñados por Pierre Ducasse, quien también diseñó otros parques de la ciudad. Los terrenos fueron cedidos por el municipio.

Palacio de Miramar.

Su estilo le tuvo que gustar más tarde a su futura nuera, la reina Victoria Eugenia, que se casó con el rey Alfonso XIII. En 1929 murió la reina y el palacio quedó abandonado, hasta que en 1971 el Ayuntamiento lo adquirió y convirtió en parque municipal. No hay mucho que ver en el interior del palacio –sede de la sociedad Eusko Ikaskuntza y utilizado para diversos actos culturales– pero resulta maravilloso, en un día radiante de sol, ascender por los jardines hasta la explanada delantera y sentarse en uno de los bancos para contemplar toda la bahía. Éste puede constituir un agradable descanso.

• PASEO DE LA CONCHA** (C3)

Reanudado el paseo, bien volviendo por el camino hecho, o bien por la derecha, bajamos de nuevo al paseo de La Concha, bordeado por esa preciosa barandilla creada por Mariano Arrieta, que ha quedado como uno de los símbolos fetichistas de la ciudad y que se puede adquirir como recuerdo en cualquier tienda de *souvenirs*. Hay también trofeos con esa barandilla tan característica y bien conservada. La anterior, que circundaba la bahía, fue utilizada para un tramo del paseo de Francia, al borde del río Urumea, y todavía se conserva. De todos modos, una alternativa aconsejable –especialmente si hace buen tiempo– es la de bajar a la playa, quitarse el calzado y recorrerla por la orilla un tramo o hasta la rampa inicial. De esta manera los pies sentirán el contacto de una de las arenas más finas del mundo, y no coralina precisamente.

Farola de La Concha.

Caminando por la orilla del mar, la perspectiva de todos los edificios es también curiosa y agradable, aunque el paisaje en los últimos cincuenta años se haya transformado radicalmente. Ya no existen los antiguos hotelitos, chalés de dos pisos, afrancesados en su arquitectura. En su lugar se construyeron unos edificios de menos personalidad. Por debajo del paseo, las cabinas y vestuarios para los bañistas en verano. Ambas elecciones (paseo o playa) culminan, tras remontar la rampa final, en la denominada plaza de Cervantes. Antes, por el paseo habrá pasado delante del prestigioso **Hotel de Londres,** famoso ya en la Belle Époque donostiarra y varias veces renovado y rehabilitado.

Afortunadamente, **La Perla** (C2-3) y **Eguzki** –antigua caseta real de baños– siguen en pie, a pesar de las vicisitudes que ha vivido siempre la primera. Fue toda una institución en la vida social donostiarra como sala de fiestas y ¡tablao flamenco! En la actualidad el conjunto se ha restaurado y acoge a dos cafés, una discoteca, un centro de talasoterapia y a la Federación Guipuzcoana de Piragüismo.

El paseo, en un momento, se agranda en una magnífica rotonda, centrada por las **torres del reloj,** punto de cita y encuentro de muchos donostiarras.

El hotel albergaba, en su planta baja, el denominado Nuevo Gran Casino del Kursaal de San Sebastián y, en esa denominación, reunía el recuerdo de los dos famosos casinos que tuvo la ciudad y que desgraciadamente perdió: el primero, el Gran Casino, es hoy el Ayuntamiento; el segundo, desapareció en los años cincuenta tras mucho tiempo sin saber qué hacer con él.

Hoy, el **Nuevo Gran Casino Kursaal** (B3) está situado en la calle Mayor esquina con Boulevar, 2, y está abierto todo el año para los aficionados al juego.

Playa de la Concha.

La llaman "Donostia"

La acepción castellana, la denominación en idioma español, de San Sebastián está siendo cada día menos utilizada, prefiriendo sus habitantes denominarla "Donostia" y, más cariñosamente, "Donosti"... quizás por aquello del chiste del tren. En un compartimiento charlan animadamente los viajeros, excepto uno de ellos, más bien taciturno. Finalmente, requerido por uno de ellos, el más dicharachero, sobre su ciudad de origen y paisanaje, responde a la pregunta: "¿Y usted, de dónde es?". "¡De Donostia!". Lo que provocó que el inquisidor, asustado, le respondiera: "¡Hombre, no se ponga usted así...!"

Ciertamente, a la capital de Gipuzkoa se le ha llamado de muy diversas maneras y frecuentemente –y también infundadamente, como se cuenta al hablar de los orígenes de la ciudad– se utilizaba la expresión "La Bella Easo", denominación asumida por una fábrica de magdalenas y dulces... que jamás estuvo ubicada en el País Vasco. Al parecer, su fundador tomó el nombre de una pensión de Pamplona, simplemente porque le gustó, sin relacionarlo con San Sebastián. Pero, seguramente, el dueño de la pensión sería donostiarra...

• LA PLAZA DE CERVANTES (C3)

La plaza de Cervantes –fue en 1905 cuando, con motivo del III Centenario de la publicación de *El Quijote*, se decidió bautizar así a la plaza– exhibe, en su centro, un **monumento** que se erigió en los años setenta.

Los donostiarras llaman "el pisapapeles" a las pequeñas y desproporcionadas figuras alegóricas de Don Quijote y Sancho Panza.

Pero, al menos, están rodeados de estos árboles tan característicos del paisaje donostiarra que son los tamarindos, aunque realmente su denominación sea el de tamarices.

Un concejal, de esos que iban mucho por París, trajo las semillas y las plantó, en medio de las risas y chirigotas de los habitantes. Tuvo que aguantar hasta una zarzuela titulada *La Bella Easo,* con unas coristas que interpretaron "El coro de los tamarindos" y comenzaban diciendo: "Aunque somos chiquititos...".

Desde luego, pequeñitos son, pero aguantan ya más de un siglo y hasta soportan el aparcamiento que se construyó bajo sus raíces, en la plaza.

Pero, muchos años antes, concretamente en 1906, la plaza ya había tenido otra experiencia subterránea, que la colocó en el libro de los récords de la época, ya que se instalaron en la misma

los primeros "retretes subterráneos" de España, lo que ahora damos por llamar "servicios". Denominación, de todos modos, preferible siempre a la de urinarios o mingitorios...

Alderdi-Eder.

● ALDERDI-EDER* (B3)

Y de la plaza de Cervantes se pasa enseguida a otra más bella, amplia y abierta: Alderdi-Eder, que traducido del euskera al castellano significa "lugar o paraje hermoso". Un lugar de recreo de niños, especialmente, y de paso hacia la Parte Vieja, primordialmente.

Jardines, pérgolas, estanque y fuentes completan el escenario, junto al busto del magnífico escritor vasco José María Salaverría, ya citado al referirme a la *Tamborrada.*

● AYUNTAMIENTO* (B3)

Siguiendo el paseo de La Concha, pronto, entre los tamarindos, surge la elegante y señorial fachada del Ayuntamiento, de la Casa Consistorial, escenario de brillante vida social en sus tiempos de casino.

Inaugurado el día 1 de julio de 1897, conoció un gran esplendor y gracias a sus pingües beneficios se construyeron el Paseo Nuevo, el mismo parque de Alderdi-Eder, y se promovió el Hipódromo de Lasarte con importantísimos premios. El año 1927 resultó fatídico para el casino, con la prohibición del juego en toda España, durante la dictadura del General Primo de Rivera. Terminó siendo utilizado, durante la guerra civil, como hospital de convalecencia para los heridos del bando vencedor.

El 20 de enero de 1947, en la festividad del patrono de la ciudad, el Ayuntamiento se instaló en el edificio, decisión muy protestada en aquel entonces por quienes soñaban con antiguas grandezas y esplendores. Pero la rea-

Ayuntamiento.

lidad se impuso, y acertadamente, porque en todo el mundo la época de los grandes casinos se acabó. Todos están en crisis, más o menos, o han desaparecido; y los modestos jugadores inventaron el bingo. Y es que, además, siempre se pensó en el Kursaal como alternativa. Pero también el Kursaal estaba cerrado –funcionó tras la guerra civil solamente su sala de cine– y únicamente se abrió para exhibir una magna exposición de armas capturadas a "los rojos", por usar la expresión de aquellos años triunfales.

• REAL CLUB NÁUTICO (B3)

Tras admirar la fachada del Ayuntamiento, el paseo termina flanqueado por el citado edificio y otro muy singular, que desde la playa de Ondarreta semeja un barco atracado. Se trata del Real Club Náutico, importante obra racionalista de los arquitectos Labayen y Aizpurua, que fue famoso centro de fiestas y reuniones de la alta sociedad. En el mismo, en los veranos del franquismo, se reunía lo más florido de la sociedad donostiarra y madrileña. Era lo más "chic", junto al Tenis, el bar Candanchú y los almuerzos en La Nicolasa y, de por medio, la visita obligada al casino de Biarritz. Hoy el Náutico alberga una discoteca muy bullanguera.
El Paseo de La Concha da paso a la visión entrañable del puerto de San Sebastián, que, antiguamente, fue también dársena, cerrada con esclusas cuando acogía a pequeños buques mercantes. En sus últimos años atracaban los *Rezola*, que transportaban el cemento de la fábrica situada en Añorga. Aquí trabajó muchos años –yo le vi– el famoso futbolista, jugador de la Real Sociedad y primer capitán de la selección española, Mariano Arrate, todo furia y pundonor. Manejaba la grúa de carga y descarga y su enorme corpachón parecía no encajar en la cabina del artilugio.
Resulta muy agradable pasear por el muelle, al atardecer, aunque hayan desaparecido la mayoría de las embarcaciones pesqueras –apenas quedan otras que las de recreo– y el entrañable espectáculo de la descarga del pescado.
Desde el muelle hay también dos alternativas para proseguir el paseo. Disponiendo sólo de un día, más vale entrar por el **Portalón** –la Puerta Marinera– a la Parte Vieja que, a pesar de su denominación, no tiene más de siglo

Puerto de San Sebastián

La Parte Vieja.

y medio de existencia. Antes, en las antiguas murallas, las únicas que se conservan –hoy convertidas en paseo–, se podía leer una lápida que recordaba cómo los Reyes Católicos dispusieron en 1474 que las murallas fueran elevadas de altura para resistir una nueva y mortífera arma: la artillería.
Como Donostia fue siempre agradecida, también los Reyes Católicos tienen su calle, aunque a decir verdad la llaman de "los Reyes Alcohólicos", dada la cantidad de bares y restaurantes que alberga (está situada detrás de la catedral del Buen Pastor).

• LA PARTE VIEJA* (B3-4)

Vista la Parte Vieja desde el monte Urgull, diríase que asemeja a una tableta de chocolate. Lo dijo un inglés hace muchos años, a finales del siglo pasado, seguramente tras la reconstrucción de la ciudad después del último pavoroso incendio, acaecido en 1813. La tableta de chocolate no tiene pérdida. Constituye un rectángulo perfecto delimitado por el monte Urgull, el muelle, el río Urumea, el Paseo Nuevo y el Boulevard. En sus escasos metros cuadrados se concentra lo más interesante de la ciudad, artística, cultural, gastronómica y humanamente hablando. Lo mejor que le puede ocurrir a uno en la Parte Vieja es perderse por sus calles. En caso de necesidad extrema, siempre hay un buen restaurante a mano. Pero si no hay tiempo, señalemos que este barrio *koskero,* como también se le denomina –y más tarde diré por qué–, acoge los tres monumentos de más valor arquitectónico y artístico de la ciudad. Los tres están muy próximos entre sí. Me refiero a la iglesia de San Vicente, al museo de San Telmo y a la basílica de Santa María del Coro. Empezaré por esta última, ya que, penetrando por el Portalón del Muelle y la calle Puerto, pronto llegaremos a la Calle Mayor. Antes, un vistazo a la calle más alta de la Parte Vieja, la calle del Campanario, que cruza por arriba a la del Puerto. Por la tarde, tras la salida del trabajo, es un espectáculo muy curioso y recomendable asomarse a ese balcón callejero y presenciar, sin prisas, el devenir de la gente, especialmente de los chiquiteros, los que toman los *txiquitos* y *zuritos,* de bar en bar, como un rito ancestral. El txiquito es de vino; el zurito, de cerveza. Suelen constituirse en grupos de cuatro, cinco o quizás diez. Y cada uno paga religiosamente su ronda cuando le corresponde.

Apuestas

Los vascos, en general, y los donostiarras, en particular, han sido siempre muy aficionados a las apuestas de todo género. Las competiciones deportivas, como el juego de pelota y las regatas de traineras, siempre impulsaron esta afición y, a fin de cuentas, los frontones de todo el mundo han sido siempre una especie de lugar de juego... y de ruina para muchos. No digamos nada de las apuestas gastronómicas, que han provocado alguna que otra muerte súbita y muchos chistes. Configura mucho al vasco tripazai *(comilón) aquella anécdota con las preguntas de un turista a un fornido mocetón sobre el número de chuletas, huevos, pollos, etc. que podría ingerir. Tras cierta vacilación respondía con una determinada cifra, hasta que le preguntan por el número de pajaritos fritos... "¿Pajaritos?, ¡Todos!", respondió sin dudarlo.*
En San Sebastián se celebraban muchas apuestas, diurnas y nocturnas, en una época dorada, antes de la guerra civil, en la que muchos donostiarras se resistían a retirarse a sus casas para dormir. Especialmente las sociedades gastronómicas, las tascas y bares y, obviamente, la charla tras el café y la copa, era el momento culminante para que tales apuestas se suscitaran. Para los korrikalaris *(corredores) era habitual correr desde la actual basílica de Santa María, en la Parte Vieja, hasta la catedral del Buen Pastor. Curiosamente, el recorrido tiene exactamente 7 m menos que el de los Sanfermines de Pamplona.*
Una apuesta muy original no pudo llevarse a cabo porque intervino la autoridad municipal. Se trataba de llegar en una hora de una iglesia a otra con los ojos vendados. Dicen que estaba a punto de conseguirlo el apostante de la venda, cuando fue detenido por un sereno.

• BASÍLICA DE SANTA MARÍA DEL CORO** (B3)

En la calle Mayor, a la izquierda, veremos la fachada de la basílica de Santa María del Coro, considerada la iglesia matriz de la ciudad. A la derecha, a lo lejos, la silueta de la catedral del Buen Pastor. La primera impresión que ofrece, desde este punto, la fachada de estilo churrigueresco es su imposibilidad de que luzca como debiera por falta material de espacio para su perspectiva. Dicen que el arquitecto se suicidó cuando lo comprobó. Las obras de construcción finalizaron en 1764, pero todavía se necesitaron diez años más para la decoración interior y los retablos. El estilo es el barroco, como corresponde a la época en que se construyó; la planta es de salón y las bóvedas siguen siendo góticas, para lograr una mayor elevación de la cúpula. Los retablos enfrentaron a churriguerescos y neoclásicos.

En la **fachada,** la imagen del patrón de la ciudad reproduce el *Esclavo moribundo* de Miguel Ángel y se colocó en el año 1867. En su interior se halla la Virgen del Coro. Morena y de 30 cm de altura, es venerada por los donostiarras y ostenta el título de patrona de la ciudad desde el 8 de septiembre de 1940. Proviene seguramente de Italia, de la época del *Cinquecento.*

Cuenta una leyenda que la imagen estaba en el coro de la iglesia y que, un día, un religioso que le rezaba y visitaba diariamente cayó en la tentación de llevársela bajo la ancha manga, para rezarla sin desplazarse. Descubierto, la imagen fue ubicada en un lugar más alto, donde está en la actualidad, en el altar mayor.

La Virgen sostiene en sus brazos a un Niño Jesús que se chupa el dedo, mientras con la otra mano juega con su piececito. Antiguamente, los fieles devotos, a través de unos magníficos y señoriales escalones emplazados tras el altar, accedían al **camarín** –de escaso uso en la actualidad y cuya entrada estaba indicada por un curiosísimo mosaico modernista o liberty más propio de un teatro– para besar la cinta que pendía de la imagen. En la actualidad, tal práctica se lleva a cabo desde el propio altar mayor, en los días señalados, utilizando una cinta más larga.

Basílica de Santa María de Coro.

Muy digna de destacar, también, es la **Cruz** griega de alabastro del ya citado escultor Chillida, que, gracias a una lograda iluminación artificial, emerge del fondo de la nave tras la pila bautismal. Causa un asombroso efecto, debiendo ser contemplada desde la izquierda, primero, con su lisa superficie; luego, desde el centro, mostrando la cruz griega, y finalmente, desde el lateral derecho, para contemplar la cruz latina. Cada cual podrá extraer sus propias interpretaciones. Si su estancia en San Sebastián coincide con un 8 de septiembre, procure asistir por la tarde a la función religiosa con sus cánticos correspondientes. Las voces fervorosas de los devotos suenan a orfeón donostiarra improvisado. Otra tradición, más famosa y polémica en los últimos años, suscitada por la devoción a la Virgen del Coro, es la interpretación de la famosa *Salve,* que se canta en la víspera de la festividad grande, es decir, el 14 de agosto. La reina madre asistió, por vez primera, el 14 de agosto de 1887 y, desde entonces, la tradición requiere que las máximas autoridades asistan a la misma. Franco no faltó jamás a la cita y nadie se atrevió jamás a desairarle. Nunca estuvo para bromas. No pasa lo mismo en la actualidad, cuando asiste el lehendakari de turno y algún grupo

Plaza de la Constitución

Iglesia de San Vicente.

de asistentes le increpa. Pero los incidentes han ido tomando mayor envergadura cada año, hasta el punto de que se ha pensado seriamente en suspender –no sin grandes controversias– la presencia de las autoridades en dicho acto.

● PLAZA DE LA TRINIDAD (B3)

Y tras la visita a la basílica, se toma la famosa calle 31 de Agosto, antes de la Trinidad. La única calle que quedó en pie tras el voraz incendio de 1813. Pronto, a la izquierda, se encontrará la plaza de la Trinidad, espacio urbanizado en 1963 tras la demolición de las ruinas del antiguo convento de Jesuitas convertido en cárcel. Está totalmente integrada en el casco viejo, con sus restaurantes fuera y dentro, su frontón y su plaza adoquinada para que la gran piedra que yace en un rincón sea arrastrada por la pareja de bueyes de turno, cuando se monta algún festejo popular. La plaza ha vuelto a ser, a pesar de los macroconciertos en Anoeta o el Kursaal, escenario para eventos musicales entre los que destacan las actuaciones de las mejores bandas de jazz durante el Festival Internacional de julio. En la plaza también está la puerta trasera del museo de San Telmo. Hace años, esta parte del edificio acogía la Biblioteca Municipal, ahora ubicada en la antigua Casa Consistorial, en la plaza de la Constitución.

Antes de abandonar la plaza de la Trinidad, una mirada a una de las sociedades populares más famosas de San Sebastián: **Gaztelupe.** Está prohibida la entrada a los no socios y a las mujeres, pero no le impedirán que eche un vistazo a su acogedor recinto, con sus largas mesas de madera. Las antiguas sidrerías son el origen de estas sociedades, de las que hablamos también en otro lugar.

● IGLESIA DE SAN VICENTE* (B3)

Siguiendo la calle 31 de Agosto, pronto se vislumbra la iglesia de San Vicente, construida en la primera mitad del siglo XVI, en estilo gótico. Es el edificio más antiguo de la ciudad, aunque le falte la torre, que se quedó sin terminar. En torno a esta iglesia se acuñaron dos expresiones: *koskero* y *tamborrada*. El "Koskerismo"

nace de las "koskas", de las escalinatas circundantes que dieron al barrio el sobrenombre de koskero y la expresión utilizada en gastronomía (merluza a la koskera viene a ser merluza a la donostiarra, toda una aventura para los sentidos). Vale la pena visitar el sombrío recinto de la iglesia, que exhibe un alto presbiterio con un magnífico **retablo** de Bengoechea e Iriarte.

• MUSEO DE SAN TELMO** (B3)

En la parte lateral de San Vicente, del lado del monte Urgull, se abre una gran plaza dedicada al pintor Zuloaga, cuyo busto se encuentra en un lateral. Presidiendo la plaza se alza la fachada del Museo de San Telmo, antiguo convento de Dominicos, construido en la primera mitad del siglo XVI.

El edificio, declarado monumento histórico artístico en 1813, es de estilo renacentista con reminiscencias goticistas reflejadas en sus dos piezas más destacadas, el claustro y la iglesia. Precioso el **claustro,** de dos alturas, y, en medio, un busto de Pío Baroja de no muy antigua colocación.

Un objeto muy curioso que exhibe el museo es la espada de Boabdil el Chico, el que perdió Granada, el que lloró como mujer lo que no supo defender como hombre, frase que siempre se le atribuye a su madre, que debió de ser una mujer terrible. ¿Qué hace una espada como ésta en un lugar como éste? El legado de algún ilustre donostiarra, seguramente. En los últimos años se ha intentado paliar la precariedad de las instalaciones con un proceso de rehabilitación acelerado que, si bien ha lavado la cara de las salas de exposiciones, no ha conseguido dotar de un carácter acorde con los tiempos a un museo demasiado vetusto en su conjunto. Para paliar dicha situación, el museo se encuentra en la actualidad sometido a un polémico debate sobre cuál debe ser su futuro. El principio de acuerdo se dirige a convertirlo en un museo de arte vasco, pero la falta de consenso sobre el sistema de financiación y la escasez de patrocinadores pueden hacer peligrar el proyecto. Las últimas remodelaciones han supuesto además el que una buena parte de sus colecciones arqueológicas, históricas y etnográficas estén hoy almacenadas.

Sin embargo lo realmente atractivo del museo, lo que justifica la visita, es el impresionante **retablo,** en la antigua iglesia, que pintó el gran artista catalán Josep María Sert, tras la adquisición del convento por parte del Ayuntamiento, el año 1928. Una impresionante alegoría sobre el pueblo vasco, un altar de la raza, en tonos ocres, dorados y oro viejo, con

Alegoría sobre el pueblo vasco, obra de Sert. Museo de San Telmo.

figuras en ocasiones inquietantes. Durante muchos años, Sert estuvo olvidado por todos, pero en la década de los ochenta empezó a valorarse, comenzando por sus paisanos catalanes.

Es curiosa la anécdota –de gran significado, para entenderla en todo su valor– del avispado hombre de negocios español que acudió a una subasta de objetos antiguos celebrada en Nueva York, en el famoso Hotel Waldorf Astoria. Los nuevos dueños del hotel no sabían nada de Sert ni de sus lienzos. Quince eran los grandes óleos sobre lienzo que, a finales de los años veinte, pintó Sert por 150.000 dólares, de los de entonces, para ambientar nada menos que el gran salón del comedor del mítico hotel. Su título general: *Las bodas de Camacho,* inspirado en el episodio de *El Quijote*. Adquiridos por el español en la subasta a bajo precio, terminaron siendo comprados finalmente por el Banco Hispano Americano, que, a su vez, los ofreció en 1990 a la ciudad de Barcelona. Nueva falta de sensibilidad de las autoridades barcelonesas –la primera fue no acudir a la subasta de Nueva York–, que no saben dónde ubicarlos. Finalmente, la Lonja de Contratación Agrícola de Vic se hace cargo de los lienzos. Vic y San Sebastián bien pueden hermanarse en su exposición-homenaje al admirado Sert en todo su esplendor.

Luego, tras el retablo, conviene visitar, en la ***planta primera,*** la sala monográfica dedicada al gran pintor de Zumaya, Ignacio Zuloaga. Allí se exponen obras muy valiosas, entre las que destaca el cuadro *Torerillos de Turégano,* entre otros. Para completar la visión del pintor habrá que ir más tarde a la Diputación Foral, y luego a su pueblo. ¡Qué coincidencias tiene la vida, mejor dicho, la muerte! ¿Quién les iba a decir a Sert y a Zuloaga que morirían con 26 días de diferencia? Zuloaga el 1 de noviembre de 1945 y Sert el 27 del mismo mes.

La pinacoteca de San Telmo siempre ha estado subestimada, pero, en la actualidad se valora debidamente todo lo importante que contiene: Ribera, Alonso Cano, Rubens, F. Madrazo, Casado del Alisal, Mariano Fortuny, Sorolla, Darío Regoyos, los pioneros de la pintura vasca, etc. Y, junto a todo ello, una colección arqueológica con un importantísimo conjunto de estelas discoidales del País Vasco, lápidas sepulcrales y escudos.

Realizadas las tres visitas, queda por recorrer la Parte Vieja sin rumbo fijo, por calles tan entrañables y acogedoras como Fermín Calbetón, San Jerónimo, Narrica, la citada Mayor, Esterlines, Embeltrán, Sarriegui –estas últimas las de mayor concentración juvenil (diariamente) al anochecer–, San Lorenzo, etc. Y, al final del paseo, cómo no, la deliciosa plaza de la Constitución, recientemente restaurada, con su antigua Casa Consistorial, ahora **Biblioteca Municipal.** Por la noche, sus arcadas, con las farolas encendidas, causan una magnífica impresión.

Es posible que les llame la atención la numeración de los balcones. Se llevó a cabo en los tiempos en que en la plaza se celebraban corridas taurinas y la *soka-muturra,* es decir, el buey embolado cogido por una cuerda para que no anduviera suelto, que buenos sustos y revolcones proporcionaba. Como se ve, la afición taurina de los donostiarras tiene muchas manifestaciones. Por eso resulta sorprendente que durante dos décadas no existiera coso taurino en la ciudad. Una carencia que fue sol-

ventada en 1997 con la construcción de la plaza de toros de Illumbe.

● EL BOULEVARD* (B3)

El Boulevard es un buen punto de encuentro.

Tras la visita a la Parte Vieja, resta abandonarla desembocando en el Boulevard (o Bulevar si lo castellanizamos). Tras la destrucción de las murallas se aprovechó para dejar un espacio abierto, no sin furibundas batallas dialécticas y escritas –en los periódicos, claro está– entre "boulevaristas" y "antiboulevaristas", con victoria final de los primeros. En los veranos radiantes de la Belle Époque, excelentes bandas musicales interpretaban en el **kiosco** o templete *La corona de hierro, Los diamantes de la Corona* y *Tanhäuser,* que provocaban la emoción de mucha niña cursi. Ahora, tras la peatonalización de la avenida más próxima a la Parte Vieja, el Boulevard ha ganado en comodidad convirtiéndose de nuevo en uno de los paseos preferidos por los donostiarras. Sigue siendo uno de los lugares que acoge actuaciones populares y actos reivindicativos. Destaca en el paseo, el antiguo kiosco de la banda, que sigue en pie, aunque ha perdido parte del casco.

● LA BRETXA (B3)

Desde el Boulevard, por la derecha, la ruta conduce de nuevo a la bahía por la calle Ijentea, por delante del Ayuntamiento. Es preferible hacerlo por la izquierda para acercarnos hasta el Mercado de la Bretxa, llamado así por el boquete que las tropas aliadas abrieron en el asedio de San Sebastián de 1813 y que acabaría con su incendio y destrucción. El antiguo mercado de la Bretxa, un símbolo donostiarra y referente obligado para los amantes del buen comer, fue modernizado en el año 2001 con un polémico proyecto que transformó el edificio que da al Boulevard en un complejo de tiendas según el modelo de las grandes superficies, mientras que los antiguos puestos de carne, pescados y verduras han pasado a la parte subterránea, eso sí, manteniendo todo su sabor de mercado a la vieja usanza. La transformación también afectó al edificio del fondo, donde se ubicaban los puestos de pescado, La

La Alameda del Boulevard.

Pescadería, convirtiéndose en un complejo de bares, cafeterías y cines; y también afectó a la parte central, al aire libre, del antiguo mercado de la Bretxa cubriendo los puestos donde las *casheras* exponen por las mañanas los productos de los caseríos, especialmente hortalizas y quesos en lo que sigue siendo, a pesar de los nuevos tiempos, todo un espectáculo.

El puente de la Zurriola. Al fondo el kursaal.

● EL KURSAAL** (B4)

El Boulevard termina en este punto en la calle Reina Regente, donde se ubica la Oficina de Información Turística (CAT), desde donde se puede observar la fachada del teatro Victoria Eugenia. Entre la calle Oquendo y el teatro hay un busto de Pío Baroja que sirve como homenaje de la ciudad al escritor de la generación del 98. Más adelante, llegados al puente de la Zurriola, que más tarde se describirá, se descubre la desembocadura del Urumea bajo los cubos de cristal del edificio que se ha convertido en nuevo icono de la modernidad donostiarra: el **palacio del Kursaal.** Este imponente conjunto arquitectónico es obra del navarro Rafael Moneo, autor del museo de Arte Romano de Mérida, la Fundación Miró, el Auditorio de Barcelona o el museo de Arte y Arquitectura de Estocolmo. Tras un concurso de ideas en el que concurrieron los arquitectos más prestigiosos del mundo, en 1990 el proyecto de Moneo resultó finalmente elegido por su "rotundidad, valentía y originalidad". La inmediata polémica y la oposición de los sectores más puristas del donostiarrismo, no impidieron que el proyecto se viera culminado en 1999 y que, pasados los años, la obra se haya ensamblado perfectamente en el conjunto urbano hasta convertirse en el nuevo símbolo visual de la ciudad. Los dos cubos de cristal y aluminio, que se observan mejor sin llegar a cruzar el río, desde el comienzo del paseo de Salamanca, se levantan sobre el solar donde hasta 1972 se erigía el antiguo casino de San Sebastián (cerrado durante décadas por la prohibición del juego), que ha sido inmortalizado en el magnífico cartel de Rafael de Penagos. Su estructura, los volúmenes inclinados y el material utilizado contrastan con los edificios de corte racionalista de los años 30 del barrio de Gros. Su interior alberga un enorme **Auditorio** con varias salas complementarias, el **Palacio de Congresos y Exposiciones** y algunas dependencias destinadas a diversos usos que sirven de marco a los principales acontecimientos culturales de San Sebastián, como los festivales de Cine y de Jazz. Entre sus bondades merece también ser destacada la calidad del restaurante, ubicado en el primer piso del cubo grande, dirigido por el prestigioso cocinero Martín Berasategi.

El palacio del Kursaal, obra de Rafael Moneo.

toros de El Chofre, que se erguía sobre un montículo arenoso del cual no queda traza alguna. En todo caso, si se cruza el puente se llega, por la avenida de la Zurriola, a la remozada y ampliada playa del mismo nombre, algo menos recogida que las otras dos playas donostiarras.

El paseo hasta Gros se puede completar acercándonos a la casa solar del almirante Oquendo, del que pronto veremos la estatua. Construida por Miguel Oquendo en el siglo XVII, la **Casa de Oquendo** es un estupendo ejemplar de casa señorial. Fue durante algún tiempo museo y, tras su restauración patrocinada por el Ayuntamiento, se ha transformado en Casa de Cultura.

Tras esta posible escapada al otro lado del Urumea, lo aconsejable es proseguir río arriba, y, ante todo, admirar en su conjunto el Teatro Victoria Eugenia y el Hotel María Cristina. En medio, la ya citada estatua dedicada al almirante Antonio de Oquendo, que dio mucha gloria a la Corona de España por los mares del Brasil, y que se fabricó con cinco toneladas de bronce provenientes de viejos y gloriosos cañones. Fue inaugurada el 9 de septiembre del año 1887 ante la presencia de la reina madre María Cristina de Habsburgo Lorena, teniendo a su izquierda al ama del rey, "quien sostenía a éste en brazos, vestido de blanco", según el cronista de la época, y que terminó dándole de mamar en un discreto aparte.

En verano, la familia real no daba abasto en inauguraciones. Veinticinco años más tarde ya estaban inaugurando el **Hotel María Cristina** (C4),

● LOS TRES PUENTES*

Llegados a este punto, cabe la posibilidad de acometer el recorrido de los tres puentes que unen esta zona con los barrios de Gros y Egia.

Ya ha quedado dicho que el primero es el **puente de la Zurriola** (B4), conocido desde siempre como puente del Kursaal, ya que fue construido en 1920 por los mismos promotores del viejo casino dentro de las compensaciones que el ayuntamiento exigía. Las seis farolas que caracterizan al puente de la Zurriola se proyectaron con la práctica idea de poder elevar el puente en los días de fuerte pleamar, de manera que se convirtiera en puente levadizo de uso moderno. Es posible, pero quedó en lo que ahora es, batido por el viento y las olas. Bien saben los donostiarras que al cruzarlo hay que evitar, en tales trances, la acera que da al mar...

¿Interesa cruzar el puente de la Zurriola o los dos que nos aguardan? Depende del tiempo de que se disponga. Para una breve estancia no merece la pena, porque el barrio de Gros no ofrece nada de particular. Además, en su desarrollo arrebató tierra al mar, destruyó preciosos chalés, amontonó las casas y, en su avaricia, terminó tragándose la plaza de

El puente de la Zurriola con el teatro Victoria Eugenia y el hotel María Cristina de fondo.

exactamente el 9 de julio de 1912 y, once días más tarde, de nuevo en el mismo lugar, inauguraron el **Teatro Victoria Eugenia** (C4), asistiendo a una representación teatral. Tuvieron que soportar *En Flandes se ha puesto el sol,* de Eduardo Marquina.

Los dos edificios ofrecen un aspecto armónico, elegante, muy estilo francés, aseveración nada gratuita sabiendo que fue nada menos que el gran arquitecto francés, Charles F. Mewes, el autor de tres proyectos iniciales, aunque, finalmente, el definitivo fuera firmado por Francisco de Urcola y Lazcanotegui. Pero el alma de Mewes, responsable de la cadena de hoteles Ritz por todo el mundo, se nota en todos los detalles y en la concepción general del magnífico edificio.

Obsérvese el detalle de cornisas de la última planta, con azulejos de Daniel Zuloaga, tío del pintor Ignacio. Y sobre ellas, las mansardas del hotel que albergan, tras su rehabilitación, un espléndido conjunto de suites en lugar de los tradicionales habitáculos para el servicio doméstico, como, inicialmente, Mansard los ideó en su París querido.

Por lo que respecta al Teatro Victoria Eugenia, lleva su nombre en honor de la esposa de Alfonso XIII, Ena Victoria Eugenia de Battenberg, nieta favorita de la reina Victoria de Inglaterra y, de soltera, de religión protestante. Dicen que fue un flechazo mutuo, pero, antes de casarse, tuvieron que arreglar el asunto religioso. Y fue precisamente en San Sebastián, en la capilla

Teatro Victoria Eugenia.

privada del Palacio Real de Miramar, donde el obispo de Nottingham, Monseñor Brindle, recibió en la fe católica a la entonces todavía princesa.

Esto sucedía seis años antes de la inauguración del teatro, a la que asistió la pareja real. Exactamente cuatro meses después, otro disgusto para la pareja: asesinan a Canalejas, presidente del Consejo, ante una librería de la madrileña Puerta del Sol. Cinco días antes de la inauguración del hotel, se había inaugurado **La Perla** como balneario y sala de fiestas. No acudieron esta vez los monarcas. Obviamente, no era lugar para damas regias. Y el 25 de agosto se inauguraba el funicular de Igeldo. Los napolitanos ya llevaban cantando 32 años a su "Funiculi, funiculá", el que les llevaba al Vesubio. Pero éste desapareció, y el donostiarra continúa funcionando.

Un año prodigioso, 1912, para San Sebastián, que lo culminó, el 14 de diciembre, con la inauguración del ferrocarril de la Frontera, el popularísimo "Topo" –lo llaman así por la cantidad de túneles que atraviesa–, que sigue en funcionamiento. Siete meses más tarde tuvo un grave accidente en Irún, con 10 muertos y más de 70 heridos. Eso es empezar con mal pie...

La fachada del Teatro Victoria Eugenia que da al río Urumea sirvió de marco para la entrada de artistas e invitados, en general, del famoso Festival de Cine, que aquí tuvo su sede desde 1953 hasta 1998, fecha en que cedió ese privilegio al Kursaal.

Pero antes, mucho antes, 1939 marcó el año de la inauguración de las memorables Quincenas Musicales Donostiarras, famosas en el mundo entero, que, con los años, fueron languideciendo, interrumpiéndose en 1979 para volver de nuevo en 1980 y comenzar un proceso de recuperación, que ha culminado con el ingreso, en 1992, en la Asociación Europea de Festivales.

En este escenario han cantado Mercedes Capsir, Mafalda Favero, Beniamino Gigli, Lauri Volpi, Tito Schipa, Mario del Monaco, Giuseppe di Stefano, Carlo Bergonzi, Alfredo Kraus, Piero Capuccili, Luciano Pavarotti, Plácido Domingo, Jessye Norman, Teresa Berganza, Montserrat Caballé, Ainhoa Arteta y un largo etcétera. Inolvidables "novenas beethovenianas" con Von Benda, Karl Bhöm y otras brillantes batutas, al frente de las más grandes orquestas.

Y, arriba, el plafón del teatro, del artista local Martiarena, una alegoría donostiarra muy del gusto de la época.

Sigamos paseando, por la orilla, camino del **puente de Santa Catalina** (C4), el segundo, el más antiguo de los tres. Víctima de las guerras de la Independencia y carlistas, llegó a ser de peaje. En 1896 se construyó el que vemos en la actualidad. Soporta mucho tráfico, pero, gracias a la autopista de circunvalación, éste ha disminuido.

Siguiendo adelante, entramos en el **paseo de los Fueros** (C4). El an-

Hotel María Cristina.

terior tramo se denomina paseo de la República Argentina.

A la derecha, pronto veremos un edificio moderno y vulgar, que sustituyó a las famosas torres de Arbide, en la confluencia de las calles San Marcial y Echaide, y que ahora se encuentran en Miramón. Enfrente, discurre el **paseo de Francia** (C4), uno de los lugares más románticos de la ciudad, jalonado de palacetes señoriales de estilo francés, que finaliza en la **Estación del Norte** (C4), cuya marquesina interior es obra del arquitecto Eiffel.

Justo a la altura de la estación se encuentra el más hermoso de los tres, el **puente de María Cristina** (C4), que guarda un gran parecido con el de Alejandro III de París y cuyos obeliscos cargados de ornamentos representan la paz y el progreso.

Se inauguró el 20 de enero de 1905 y, hace unos años, tuvo que ser ensanchado respetando su estructura original, para dar paso al tráfico creciente. Existe un precioso cuadro de Darío de Regoyos, *El Urumea,* fechado en 1904, como testimonio.

Vistos los tres puentes, nos espera ya la parte moderna, el Ensanche, la zona romántica del nuevo San Sebastián, que surgió tras el derribo de las murallas del Boulevard.

En el caso de querer continuar por el curso del Urumea, el camino más indicado es a través del **paseo del Árbol de Gernika,** donde los palacetes y edificios señoriales se vislumbran a través de las ramas de los olmos que pueblan la ribera. Por este paseo se llega al barrio de Amara, el segundo núcleo urbano de la capital guipuzcoana. Al final de este distrito se encuentra el **Estadio de Anoeta,** inaugurado en agosto de 1993, que se ha convertido en otro símbolo del San Sebastián del siglo XXI. Además de ser escenario de los encuentros que disputa la Real Sociedad, el complejo deportivo incluye piscinas, miniestadio dedicado al atletismo y al rugby y pista de hielo. Muy cerca también se encuentra el complejo de ocio de Illumbe, con su **plaza de toros** (f. p.) de cubierta retráctil, única en su género. Desde Anoeta también se accede al alto de Miramón, con centros hospitalarios y el **Parque Tecnológico** en cuyas inmediaciones también se encuentra el **Kutxa Espacio de la Ciencia,** un centro didáctico dirigido a los más jóvenes donde se explican los avances

El río Urumea y puente de María Cristina

científico-técnicos. Desde Amara se puede deshacer lo andado por la ribera del Urumea, atravesando el parque de Araba. En la plaza del Centenario, se puede ver el **antiguo teatro Bellas Artes** y edificios de principios del siglo XX con fachadas y portales cargados de detalles modernistas.

● CATEDRAL DEL BUEN PASTOR (C3)

Por la calle Valentín Olano se llega a la plaza de Bilbao, y desde ésta se divisa la catedral del Buen Pastor, de estilo neogótico. Situada en el centro de una gran plaza, fue inaugurada en 1897. Es la mayor de todas las iglesias, con una torre de 75 metros de altura visible desde casi toda la ciudad y punto de referencia para encontrar el San Sebastián romántico. Aunque su interior no encierra nada de especial relieve o interés, sería curioso ver el Acta firmada por el rey, que tenía dos años y medio, el 29 de septiembre de 1888, cuando se colocó la primera piedra y que escribió al pie del documento: "Yo, el rey Alfonso XIII...". Desde la catedral cualquier itinerario es oportuno e interesante. Colocados ante la fachada principal se puede ver, al fondo, la fachada de la basílica de Santa María. Cerrando la plaza por el noreste, en la calle San Martín, se alza el **Palacio de Justicia,** cuya fachada clasicista merece especial atención y que fue inaugurado en 1916. Detrás del ábside, en la calle Urdaneta, se hallan los edificios de **Correos y Telégrafos** (antigua Escuela de Artes y Oficios) y del **Centro Cultural Koldo Mitxelena** (antigua Escuela de Ingenieros), actualmente sede de la Biblioteca Foral.

● ZONA ROMÁNTICA★ (C3)

Esta zona romántica es preciosa. ¡Lástima que los desmanes de la especulación permitieran que muchos bellos edificios de época desaparecieran! Pero, afortunadamente, quedan muchas manzanas incólumes, mostrando una arquitectura señorial, afrancesada, con su inconfundible piedra arenisca.
¡Ah, y quedan los portales! Pongan su atención en ellos, porque muchos reflejan y son pruba del señorío y refinamiento de toda una época. En

todos los estilos y tendencias artísticas, especialmente en lo que en España llamamos Modernismo, en Francia *Art Nouveau* y en Italia *Liberty*. Cataluña y Euskadi, en este sentido, fueron las puertas más abiertas a esta corriente artística.

De todos modos, si no quiere o no dispone de tiempo, anímase a afrontar la calle Loyola y llegará a la avenida de la Libertad, con sus terrazas, cafés, agencias bancarias.

Exactamente lo mismo puede hacerse desde la plaza de Bilbao, con la ventaja de que las calles que parten de ésta y que llegan hasta el Boulevard son peatonales.

● PLAZA DE GIPUZKOA (B3)

Una vez cruzada la avenida, por la calle Txurruca llegaremos a la deliciosa plaza de Gipuzkoa, rincón entrañable para los donostiarras, con su cuidado jardín de estilo inglés, su estanque y ese monumento dedicado al compositor, ciertamente malogrado, llamado José María Usandizaga, el autor de *Las Golondrinas*.

Presidiendo la plaza, el bello edificio de la **Diputación Foral** (B3), edificado en el año 1883. De estilo neoclásico, es una lástima que no esté abierto a la curiosidad del visitante, especialmente si ama la pintura, porque en su interior recoge obras de estimable valor.

Por ejemplo, el *Elkano* de Ignacio Zuloaga se encuentra colgado en una de las salas de este palacio y en pasillos y otros salones y despachos se hallan esparcidas obras de Mendieta, Salaberria, Vázquez Díaz, Bienabe Artia y un largo catálogo de importantes pintores vascos; igualmente se encuentran esculturas de Beobide, Barrenechea, etc. Sería más lógico que toda esta colección pudiera ser

Catedral del Buen Pastor.

contemplada en un solo museo, quizá el de San Telmo. Pero, si pide permiso, no se lo negarán. Los donostiarras son corteses por tradición y educación.

Y desde la encantadora plaza de Gipuzkoa, con sus soportales precavidos por si llueve, el itinerario puede terminar donde arrancó, frente al Ayuntamiento, donde también el *Txu-Txu* da por cumplido su trayecto.

Y si ha llegado la hora del atardecer, ¿qué podemos hacer? Muy sencillo: acercarnos a la barandilla de La Concha para observar la puesta de sol y las primeras luces que se encienden en torno a la bahía. Y luego, un vistazo al puerto con otras luces, las luces del día que se extinguen, y volver a penetrar en la Parte Vieja porque, si el escenario sigue siendo el mismo que el del mediodía, el ambiente cambia por completo al anochecer: el bullicio es general. Y decenas de restaurantes invitan a reparar fuerzas para el día de mañana. ◆

Itinerario complementario

- Monte Igeldo★★
- El Muelle
- Isla de Santa Clara
- Paseo Nuevo
- Monte Urgull★★
- Monte Ulía★★
- Palacio de Ayete★
- Parque Cristina Enea
- Chillida Leku★★

● MONTE IGELDO★★ (A-B1)

No se puede decir que se conoce San Sebastián sin haber subido a ese mirador fabuloso, al que me refería en el inicio, llamado monte Igeldo, que con el de Urgull cierra la bahía de la Concha dejando atrapada en el centro a la isla de Santa Clara.
No disponiendo de tiempo, lo más aconsejable es tomar un taxi o utilizar los autobuses municipales, los que exhiben el rótulo "Venta Berri", que le dejarán al pie del funicular. Una buena solución intermedia es llegar en taxi y utilizar el funicular, el viejo y precioso funicular, seguro como ninguno en su sistema de cable compensado que, a medio camino, se cruza con su pareja inexorablemente.
En los meses de verano, el monte Igeldo se llena de bullicio y alegría, con los miles de visitantes que acoge. Turistas y niños se entremezclan en este modesto parque de recreo, este *Luna Park* de bolsillo, creado el año 1912, de todos modos lleno de encanto. Han quedado envejecidas sus atracciones, ese "Río Misterioso", con barcas que se dejan llevar por la corriente provocada por las aspas de una noria, y un túnel, testigo de tanto beso furtivo; y las canoas del estanque; el viejo laberinto y, sobre todo, esa "Montaña Rusa" que la censura franquista, siempre implacable, rebautizara "Montaña Suiza"; y los

Lourdes Txiqui

Subiendo por la carretera que conduce al monte Igeldo y Gudamendi, a 300 m del inicio de la cuesta, hay un discreto camino, junto a un famoso restaurante que conduce a un lugar de peregrinación menor que los donostiarras denominan "Lourdes Txiqui", es decir, "Pequeño Lourdes".
Existe en este lugar una reproducción de la popular Virgen que se apareciera a Bernadette de Soubirous en la localidad francesa, ya que los donostiarras han acudido siempre en peregrinación al lugar milagroso, en una tradición que data de principios de siglo. Y como recuerdo y homenaje surgió esta miniatura que, al decir de las malas lenguas y de algún ateo, sólo provoca milagros pequeños, de poca monta. Lo curioso del caso es que, durante muchos años, cerca del camino que conduce al mismo existía un burdel muy conocido en toda la ciudad, "Villa María Luisa". Algunos clientes, para disimular, le decían al taxista: ¡Vamos a Lourdes! La villa y sus señoritas desaparecieron hace años.

caballitos de madera del tiovivo, y los otros caballitos de verdad, esos ponis que recorren el recinto en verano.

En invierno es otra cosa pero, en su vacío y desolación, el lugar sigue siendo bellísimo porque la panorámica sigue siempre vigente. Con buen tiempo se puede vislumbrar el faro de Biarritz a nuestra derecha y, a la izquierda, Guetaria.

Ésos serán nuestros objetivos de una posible tercera jornada. Ahora, bajando de nuevo en el funicular, nuestro objetivo será ese monte de ahí enfrente, con ese precioso paseo que lo circunda: el monte Urgull y el paseo Nuevo.

● EL MUELLE (B2-3)

Descendiendo nuevamente, del autobús o taxi en el Boulevard, esta vez sí que podremos conocer, con más detenimiento, el muelle, bajo cuyos soportales ya estarán preparando los restaurantes y sidrerías las mesas para degustar las típicas sardinas asadas, con su botella correspondiente de sidra del país. Rebasados los soportales de las típicas casas del muelle, enseguida veremos el monumento, con lápida escrita en euskera solamente, erigida en honor a Mari, zumayano de nacimiento y donostiarra de adopción, famoso por sus valientes salvamentos de náufragos hasta que, un 9 de enero de 1866, tratando de ayudar a los tripulantes de una embarcación a la deriva, se ahogó. La inscripción de la lápida, en traducción libre al castellano, viene a decir: "¡Mari! Tratando de salvar unos náufragos diste la vida. Y hoy tienes como tumba exaltadora el gran mar. ¡Duerme arrullado por su cadencia...! ¡Oh, hombre querido! Alabando tu memoria San Sebastián y Cantabria."

● ISLA DE SANTA CLARA (B1-2)

Ahora es el momento oportuno para hablar de la bonita excursión que se

El puerto de San Sebastián.

puede realizar a la isla de Santa Clara, en embarcaciones que salen precisamente del malecón frente al monumento a Mari. Existe también la posibilidad de montar, en temporada veraniega, en el yate *Ciudad de San Sebastián,* con su recorrido de veinte minutos y funcionando incansablemente desde 1963. Quienes se mareen o tengan aprensión pueden ir tranquilamente a la isla de Santa Clara –merece la pena– porque las aguas dentro de la bahía son tranquilas y resguardadas gracias, precisamente, a la isla. Y, desde 1957, no se ha registrado ningún accidente.
Aquel año, a la caída de la tarde del 19 de agosto, el *Azor,* el barco de Franco, que estaba de veraneo, abordó accidentalmente a una de estas embarcaciones –al parecer no llevaba luz alguna–, ahogándose cinco de sus ocupantes. Todos los demás se salvaron. Pero el *Azor* ya no atraca en esta bahía... También se salvó la isla de Santa Clara del proyecto del marqués de Iranda, que, en 1773, se empeñó en convertir la bahía de La Concha en un gran puerto, comenzando las obras para unir con una escollera lo que ahora es la zona del *Peine de los Vientos* y la isla. Durante la bajamar se aprecia, algunas veces, los restos de la escollera. ¡Qué locuras!
La isla poco tiene para ver. Hubo, al parecer, un santuario o ermita bajo la advocación de Santa Clara, pero ahora lo único que existe es la torre del farero.
Tras la opcional excursión a la isla de Santa Clara, volvamos con el itinerario marcado para la jornada. Siguiendo muelle adelante, pronto llegaremos al **Museo Naval** (B3), instalado en la lonja del Consulado de San Sebastián, edificio del siglo XVIII. Fue inaugurado en 1991 y se distribuye en tres plantas, de las que las dos primeras se dedican a la exposición permanente del museo. Cuenta, además, con una sala polivalente, biblioteca y videoteca.
Cerca del Museo Naval nos toparemos con unas escalinatas que conducen, en primer lugar, al **Palacio del**

El muelle.

Museo Oceanográfico.

Mar (B2), pomposo nombre, poco utilizado, porque todo el mundo le llama el **Aquarium.** Antes de ascender las escaleras que conducen al Paseo Nuevo y que, afortunadamente, son las que interrumpen toda circulación rodada, es aconsejable echar un vistazo a este interesante **Museo Oceanográfico,** fundado precisamente por la Sociedad de Oceanografía de Gipuzkoa en 1928. Los fondos del museo son un completo muestrario de elementos relacionados con el conocimiento del entorno marino, la pesca, la historia naval, etc. A todos llama la atención, enseguida, la osamenta de la "ballena euskera", capturada entre Getaria y Zarautz, y cuyo mérito todavía divide a los dos pueblos. Es muy interesante la exhibición de la fauna marina del litoral vasco. Tras las obras de ampliación, el Aquarium dispone de nuevas instalaciones con acuarios especializados en función del origen de la fauna animal, con más de 2.000 peces. El Oceanario es el elemento central, que reproduce un completo ecosistema oceánico en un gran estanque, atravesado por un túnel de cristal desde el que se pueden observar más de 3.000 peces de diferentes especies y tamaños, entre los que destacan, por su inconfundible perfil, los temibles tiburones. Las nuevas instalaciones del Aquarium incluyen un estanque táctil donde se puede palpar y jugar con diferentes especies marinas; estanques de medios oceánicos ampliados a través de cámaras con lentes de aumento; un río tropical en las diferentes fases de su recorrido, con pirañas incluidas; y acuarios de arrecifes coralinos del Caribe y del Índico.

Desde la terraza del Aquarium se goza de una preciosa panorámica de la bahía y es un observatorio disputadísimo cuando se celebran las regatas de traineras.

• EL PASEO NUEVO (A-B2-3)

Aquí comienza el maravilloso espectáculo que ofrece el Paseo Nuevo, aunque de nuevo no tiene nada pues fue inaugurado en 1919. Al llegar a la punta extrema, se divisa perfectamente la bocana o la barra, como la llaman los donostiarras. Hay también una ermita abandonada, en tiempos

Parque Tecnológico

no lejanos, dedicada a los náufragos del crucero *Baleares*, y está también el pedestal vacío que acogiera al navegante Juan Sebastián Elcano, el primero que dio la vuelta la mundo y que señalaba con el brazo "¡Yo soy de allí!", es decir, de Getaria (la anécdota se cuenta con más detalle luego). También están grabados los nombres de Juan Lazcano, héroe de la conquista de Nápoles; Blas de Lezo, aprehensor de Borgia; Antonio de Oquendo y Cosme Damián Churruca, el almirante de la Armada española en la batalla de Trafalgar.

Pero en este punto, y dejándonos de historias, se producen generalmente en la pleamar de septiembre –aunque puede suceder en cualquier momento– las grandes olas... "¡Vamos al rompeolas!" es el grito de guerra de los jóvenes, en la diversión un tanto húmeda de acercarse a la barandilla y echar a correr cuando se acercan las enormes olas, con su verde y blanca espuma, rugientes, salvajes...

Todo un espectáculo. Lo recordé una vez en La Habana, en el malecón famoso, cuando las parejas de enamorados, estrechamente enlazadas dentro de sus coches herméticamente cerrados, observaban –seguramente ausentes y absortas– la blanca espuma de las olas que, al romper, derramaban su contenido por los parabrisas inmóviles...

Pero no siempre el espectáculo son las olas. También puede intentar ver el rayo verde. Desde que el director de cine francés, Eric Rohmer, rodara con gran éxito *Le rayon vert*, un film romántico y sentimental como pocos, todo el mundo quiere ver el rayo verde. Lo he visto, lo puedo atestiguar, pero no es fácil su visión. Ha de estar la superficie del mar tersa, limpia, sobre todo en el horizonte. Cuando en 1984 rodó el film, la pareja protagonista terminaba viéndolo –y el espectador también– en Biarritz.

La realidad es que Rohmer, empeñado en captarlo de verdad, sin hacer trampas, se las vio y deseó. Probó en Biarritz, en el Canal de la Mancha y, finalmente, tras meses de acoso, el cámara lo captó en ¡Las Palmas de Gran Canaria! Pero si quien me está leyendo realiza el recorrido bien acompañado, intente ver el rayo verde con los versos

de Rimbaud presentes: "¡Ah, Que le temps vienne, où les coeurs s'eprennent!" (Que llegue la hora en que los corazones se enamoren).
Y no es por nada, pero es fácil enamorarse en San Sebastián y de San Sebastián. Y tras esta licencia poética, prosigamos...

● EL MONTE URGULL** (A-B2-3)

La caminata por el Paseo Nuevo, rodeando el monte Urgull, nos conduce a la desembocadura del río Urumea; pero antes bien podría iniciarse la subida al **castillo de la Mota** (B3). Hay varios caminos para emprender la ascensión, desde luego. Uno, precisamente, está junto al rompeolas y al pedestal vacío de Elkano. Pero aconsejo rodear completamente el monte y volver a pasar por la calle 31 de Agosto, para alcanzar la iglesia de Santa María y, desde el punto en que se asienta otra famosa sociedad popular, **Gaztelubide,** iniciar la subida más tradicional de todas. Precisamente el nombre de la sociedad significa Camino del Castillo en euskera. Se sube una pequeña cuesta, se atraviesa uno de los pasadizos de entrada a la fortaleza que mejor se conservan y se encontrará con tres caminos: uno, bajo, el Paseo de los Curas –ya se pueden imaginar por qué fue bautizado así–, es delicioso. Se desliza sobre el muelle y el puerto y viene a terminar sobre él. Los otros dos ascienden. El de la derecha, a través de escalinatas, rápidamente coloca al visitante en la cima. Es preferible utilizar este camino para bajar. El otro es más cómodo y atractivo. No olvidemos que está prohibido el acceso a vehículos motorizados. El monte tiene una altura de 120 m sobre el nivel del mar y, hasta el año 1863, fue una poderosa fortaleza militar que mantuvo varios asedios. Quizás el más célebre y sangriento de todos ellos fuera el de 1813, durante la guerra de la Independencia, lo que provocó la destrucción total de la ciudad, como ya se ha dicho.
El Ayuntamiento, que adquirió el monte el año 1921, transformándolo en parque público, instaló unos paneles informativos en las cinco entradas del Parque-Museo: San Telmo, Santa Teresa, Muelle, Bardocas y Damas.
Son muy útiles en todo momento, ya que explican con toda claridad dónde se pueden encontrar la Batería de Bardocas, el cementerio de los Ingleses, el Baluarte del Mirador, la Muralla del Mar, la del Espanochi, Hornaboque de Santa Clara, Cierre del Oeste, Batería de Santiago, Batería de Napoleón, Castillo de la Mota, Batería del Gobernador y Galería de Tiro.
El visitante podrá leer *in situ* todo aquello que le interese de la agitada historia de esta fortaleza militar entre los siglos XI y XIX.
Y es que la antigüedad del castillo de Santa Cruz de la Mota –que es como históricamente se llamaba– se remonta al siglo XII, cuando el rey Sancho el Mayor de Navarra construyó la primera atalaya de defensa. Voladuras e incendios han hecho que siempre haya estado semiderruido y en reconstrucción. De hecho, las construcciones de la fortaleza que subsisten abarcan desde la primera mitad del siglo XVI hasta principios del siglo XVIII. A Pío Baroja le llamaba la atención la espadaña que se construyó en octubre de 1875 –visible todavía desde la ciudad– para colocar una campana que avisaba al vecindario del fuego de cañón del enemigo.
Muchos no tomaban en serio estas advertencias –rara vez llegaban las bombas, y si lo hacían no explotaban–, pero el pobre *Bilintx*, uno de

los más famosos *bertsolaris* (poetas) de esta tierra, murió a consecuencia de una bomba que cayó precisamente en la buhardilla en que vivía, y tuvo que ser un 20 de enero de 1876, festividad de San Sebastián, que ya es mala suerte. Ahora Indalecio Bizcarrondo tiene dedicada una calle en su memoria, y sus versos en euskera son admirables en su sencillez, según afirman los entendidos: "Bein batian Loiola erromeria zan..." Así arranca una de sus composiciones más populares.

Creo que el rincón más romántico, más interesante, de todo el monte Urgull es el llamado **cementerio de los Ingleses** (A2).

Se halla enclavado en la ladera norte, frente al mar, y cualquier día laborable, sin gente, es todo él un lugar de paz, quietud y recogimiento. Entre árboles, pinos y arbustos se alzan una docena de tumbas. Hay una lápida que dice, tanto en castellano como en inglés: "Honor a los héroes que sólo Dios conoce. 1804-1814". Más abajo, otra inscripción reza: "Inglaterra nos confió sus gloriosos restos. Nuestra gratitud velará su eterno reposo". Y otra más: "A la memoria de los valientes soldados británicos que dieron la vida por la grandeza de su país y por la independencia y libertad de España".

Nunca se ha sabido, exactamente, cuándo empezaron a ser inhumados. De este lugar, la primera noticia escrita viene dada en 1838. Según Manuel Celaya, primero, en la lápida figuraba la fecha 1836-1838. Luego se añadió la anteriormente reseñada, y eso de que "Inglaterra nos confió, etc." Al parecer, aquí están revueltos soldados y oficiales del asalto a la ciudad en 1813 con los de la Legión de Voluntarios de sir Lacy Evans que, durante la I Guerra Carlista, lucharon junto a los "cristinos". Hubo muchas protestas airadas ante esta incongruencia, ya que los ingleses fueron los que destruyeron la ciudad en 1813. De todos modos, la guerra de las lápidas y las fechas acabó en el centenario del desastre, el 31 de agosto de 1963, con la colocación de una lápida definitiva en el propio castillo de la Mota (hubo una época de la Historia de España en que todos los castillos se llamaban así, al igual que los árabes llamaban a los suyos alcázares o alcazabas), y que dice: "Representaciones militares de Francia, Inglaterra, Portugal y España, hermanadas en la concordia, descubren esta lápida en recuerdo del heroísmo de los soldados que lucharon bravamente al pie de estos muros defendiendo el honor y la independencia de sus patrias, y rinden homenaje de admiración y respeto a la ciudad de San Sebastián que, después de sufrir pacientemente en la guerra, supo alcanzar los laureles de su resurgimiento en el esfuerzo de la paz". Con un texto así no hay quien se resista...

Una vez cumplimentada la visita al castillo, en concreto, y al monte, *ad libitum* –depende del tiempo de que se disponga–, se inicia la bajada. Si se realiza desde este cementerio, es recomendable tomar el camino que conduce a San Telmo o, quizás, a la basílica de Santa María, por su parte trasera, para salir nuevamente a la sociedad Gaztelubide. Antes, podremos ver el **convento de Santa Teresa,** reinaugurado el 20 de julio de 1991, tras solucionar el deterioro progresivo de sus más de 300 años de historia. Es posiblemente el edificio más antiguo de la ciudad y fue inaugurado en 1813 para albergar a la comunidad de las Carmelitas Descalzas. Continúa con esta misión en parte, en lo que servía de desván. El

convento está destinado a acoger un futuro Museo de la Cultura Vasca, y nuevamente la Parte Vieja espera al visitante que quiera recorrerla con todas sus tentaciones...

• MONTE ULIA** (f. p.)

¿Qué se nos ha podido quedar sin citar ni aludir de San Sebastián? Ya hemos dicho que hay un tercer monte, el monte Ulia, el más alejado, el más abandonado. Y es una lástima, porque es un lugar bellísimo. En otros tiempos funcionaba un transbordador de Torres Quevedo, al que llamaban "Tranvía Aéreo" y que desapareció, desgraciadamente; al igual que el tranvía que subía hasta una explanada y que, solamente, duró de 1902 a 1918.
Las vistas desde aquí son impresionantes, en especial la nocturna. Pero siguen en pie las peñas del Águila, del Rey y del Ballenero, que servían, hasta principios de siglo, para otear el horizon te y observar si aparecía alguna ballena en lontananza. Tras el aviso, las traineras salían a por la presa. La que llegaba primero se quedaba con la pieza... si se dejaba, claro está.

• PALACIO DE AYETE* (f. p.)

Otra subida, más placentera y en el otro extremo de la ciudad, conduce al palacio de Ayete a través de la cuesta de Aldapeta, que arranca en el cruce de la calle Easo con la de San Bartolomé. Antes de iniciar su ascensión reparen en el sobrio **convento de las Reparadoras,** que hace esquina precisamente con las mencionadas calles.
Una placa recuerda que en la capilla hicieron la primera comunión Fabiola de Mora y Aragón, la anterior reina de Bélgica, y una hermana suya.
Inicialmente, el palacio de Ayete era un caserío, con muchísimo terreno, propiedad de un gascón, Hayet, uno de los muchos que se instalaron en la ciudad siglos atrás. Con los años, lo adquirieron los duques de Bailén, que construyeron un palacio en 1878 y encargaron a Pierre Duchase, jardinero francés, que repoblará el parque hasta convertirlo en el jardín más espectacular de Donostia, con rincones tranquilos llenos de naturaleza que tienen su máximo esplendor, lógicamente, en primavera. El conjunto esconde estanques y una gran variedad de especies vegetales foráneas de gran interés, como magnolios, araucarias, secuoyas y gingkos. Antes de ser abierto al público, en el palacio se alojó la reina María Cristina, de 1887 a 1893, año en que se trasladaría definitivamente al Palacio Real de Miramar. Adquirido por el Ayuntamiento al finalizar la Guerra Civil, le fue ofrecido a Franco, que lo convirtió en sede oficial durante los veranos de 1940 a 1975. En él se celebraban los Consejos de ministros del Gobierno. La guardia mora prestaba los servicios de vigilancia en la magnífica finca. Durante aquellos años, la visita del inmueble resultaba difícil y solamente la amistad personal con la guardiana permitía curiosear por los dormitorios. El 20 de julio de 1977 se abrió nuevamente al público. Sus jardines y bosque son preciosos. Merece la pena visitarlos (horario: todos los días, de 10 h a 17 h, en invierno, y hasta las 20.30 h en verano) para contemplar espléndidos paisajes de mar y montaña.

• PARQUE CRISTINA ENEA (D4)

El frondoso parque de Cristina Enea fue durante mucho tiempo residencia veraniega del duque de Mandas,

el cual terminó donándolo a la ciudad con la condición de que nada se tocara. Se cumplió tan a rajatabla el deseo que por poco se convierte en selva impenetrable. Está situado en el barrio de Egia, junto al edificio de la Tabacalera, que pronto se convertirá en un museo de Arte Moderno, tras la Estación de la Renfe y cerca del lugar que ocupó el desaparecido Estadio de Atocha, donde tantas jornadas de gloria consiguió la Real Sociedad antes de mudarse a las actuales instalaciones de Anoeta.

● CHILLIDA LEKU★★ (f. p.)

Aunque fuera del casco urbano de San Sebastián, este museo se debe incluir entre los atractivos monumentales dada la proximidad de la localidad donde se ubica, **Hernani,** con la capital de Guipúzcoa. Chillida Leku es la plasmación del deseo del escultor vasco fallecido en 2002, cuyas cenizas reposan en este lugar, de contar con un espacio en el que su obra se pudiera contemplar de forma permanente. Un proyecto iniciado en 1982, cuando Chillida compró en el término municipal de Hernani la finca Zabalaga que, desde 2000 muestra la evolución y la trayectoria artística, que abarca un espacio de 50 años, del autor del *Peine de los Vientos.* Chillida Leku ("El Espacio de Chillida" según su significado en euskera) es un paraje donde la colección privada del artista se integra plenamente en la naturaleza, modificando el verdor del paisaje. Son 12 hectáreas de césped y arbolado, sin recorridos marcados (deseo expreso de Chillida), donde se ubican 40 esculturas, algunas de tal tamaño que difícilmente podrían encerrarse en un museo. La muestra se completa en el caserío donde en la **planta inferior** se pueden contemplar esculturas de considerable tamaño en hierro, alabastro y terracota, mientras que en la **galería superior** se hace un recorrido cronológico por la primera etapa de Chillida, con esculturas de yeso y hierro, y se muestran otras obras de pequeño formato así como los bocetos de las creaciones más famosas de Chillida. Este museo está abierto en invierno sólo por las mañanas, mientras que en verano el horario se amplía en función de las horas de luz natural, tan necesaria en este particular espacio del arte. ◆

Museo Chillida Leku.

Museo Chillida Leku.

EXCURSIONES DESDE SAN SEBASTIÁN

- El País Vasco-Francés
- Por la Costa Vasca
- Tres santuarios guipuzcoanos: Loiola, Andra-Mari y Arantzazu

Excursiones por Guipúzcoa y el País Vasco-Francés

San Sebastián/Donostia forma un conjunto tan armónico con su entorno que bien puede decirse que, sin visitarlo, no termina de conocerse a fondo la ciudad. Ocurre lo mismo con Nápoles, íntimamente unida a Capri, Ischia, Prócida, Pompeya, el Vesubio, Pozzuoli, etc.
Los alrededores cobran, en ambos casos, especial protagonismo y relieve. Si San Sebastián es una ciudad que bien puede conocerse en dos días y, al mismo tiempo, disfrutar en ella, también el entorno se merece, por lo menos, otros tres días.
Las propuestas se muestran a la vista desde el mirador de Igeldo, como ya indicaba al principio.
Por un lado, Biarritz; por el otro, Getaria; y en el interior, tras las montañas, los dos máximos exponentes de la cultura artística y religiosa de Euskadi: Loiola y Arantzazu.

1. El País Vasco-Francés

Desde San Sebastián resulta fácil llegar a **Biarritz** porque hay buenas y cómodas comunicaciones, en tren y en autobús especialmente. Pero lo más indicado es disponer de un medio de locomoción propio. De esta manera podrá realizar el itinerario que proponemos a continuación.

Tomando la autopista en dirección a la frontera francesa, muy pronto un rótulo indica la salida a Pasaia y Lezo. Esta salida permite conocer lo que pudo haber sido el auténtico puerto de San Sebastián, el más amplio y comercial.

Es una bahía natural muy bien resguardada, con una difícil y estrecha bocana. En sus orillas se yerguen tres localidades: **Pasai Antxo, Pasai San Pedro** y **Pasai Donibane.** Estas dos últimas, separadas en un punto solamente por escasos metros que unas barcas salvan en escasísimos minutos, mantienen de toda la vida una gran rivalidad en cuestión de traineras. Merece la pena una visita a la última de las citadas.

Pero antes, la carretera pasa por **Lezo,** con un núcleo urbano primitivo muy atractivo que exhibe la característica arquitectura tradicional: magníficas casas de piedra con balconada; pero, sobre todo, el pueblo es famoso por su *Cristo crucificado imberbe,* de estilo gótico, que se muestra en la **basílica del Santo Cristo** y que es aún objeto de gran devoción.

Desde aquí, la ruta conduce a **Pasai Donibane** (Pasajes de San Juan). A la entrada es obligado dejar el coche, pasear por su única y estrecha calle, romántica, entrañable y muy bien conservada a pesar del paso de los siglos, y detenerse en una de las plazas más bonitas y singulares de todo el País Vasco, la **plaza de Santiago,** con sus tradicionales casas marineras.

Pasai Donibane.

MAR CANTÁBRICO
Cabo Villano
S. Juan de Gaztelugatxe
Cabo de Matxitxako
Ría de Mundaka
Reserva de la Biosfera de Urdaibai
Armintza
Gorlitz
Bakio
Plentzia
S. Lorenzo de Maruri
Bermeo
Elantxobe
Mundaka
Ibarrangelu-Elejalde
Busturi-Axpe
Ea
Lekeitio
Berango
Mungia
Murueta
Gautegiz Arteaga
Leioa
Erandio
Gamiz-Fika
Arrieta-Libano
Santimamiñe
Ondarroa
Sestao
Derio
Fika
Gernika-Lumo
Berriatua
Mutriku
Zumaia
Sondika
Loiola
Deba
Lezama
Aulesti
Markina-Xemein
BILBAO-BILBO
Etxebarri
Basauri
Larrabetzu
Balcón de Vizkaia
Gerrikaitz
S. Andres
Arrigorriaga
Galdakao
Amorebieta-Etxano
Arroa Goikoa
Zestoa
Mendaro
Ekain
Alto de Azkárate
Aizarnaz
Elgoibar
Pto. Trabakua
Berriz-Olakueta
Ermua
Azkoitia
Azpeitia
Zaratamo
Lemoa
Sodupe
Ugao-Miraballes
Durango
Eibar
Loiola
Areta
Igorre
Zaldibar
Soraluce-Placencia
Llodio
Zubialde
Mañaria
Abadiño
Elgeta
Nuarbe
Ugarana
Elorrio
Bergara
Areatza
Apatamonasterio
Urkiola
Zumarraga
Zubiaur Orozko
Zeanuri
Pto. de Urkiola
Arrazola
Antzuola
Legorreta
Urretxu
Arrasate/Mondragón
Legazpi
Ordizia
Pto. de Barazar
Supelegor
Otxandio
Ibarra
Barambio
Macizo de Gorbea
Aretxabaleta
Oñati
Ormaiztegi
Lazkao
Larrekor
Gorbea 1475
Ubide
Eskoriatza
Alto Udana
Segura
Idiazabal
Leintz-Gatzaga
Arantzazu
Zegama
Villarreal de Álava
Gopegui
Pto. de Orduña
Izarra
Sª de Aizkorri
Murguia
Urbina
E. de Ullibarri
Sª de Elgea
Pto. Etxegarate
Sª de Arrato
Ozaeta
Sª de Urkilla
Pto. de Otzaurte
Foronda
Zuhatzu Kuartango
Araia
Luna
Arriano
Durana
Zalduondo
Altsasua
Sª de Arkamo
Trespuentes
Zadorra
Ziordia
Olazti
Argómaniz
Nanclares de la Oca
Elburgo
Alegría
Salvatierra
Guarap
Subijana de Álava
Opakua
VITORIA-GASTEIZ
Pto. de Azatzeta
Pto. de Opakua
Pobes
Salinas de Añana
Pto. de Vitoria
Azáceta
Roitegui
Sª de Urbasa
La Puebla de Arganzón
Larraona
Eulate
Alda
Treviño
Apéllaniz
Maestu
S. Vicente de Arana
Narcué
Añastro
Rivabellosa
Armiñón
Armentia
Marquínez
Beolarra
Zúñiga
Ebro
Berantevilla
Mtes. Izkiz
Antoñana

Messanges
Azur
Vieux-Boucau-les-Bains
Soustons
Seignosse
Tosse
Hossegor
Capbreton
St-Vincent-de-Tyrosse
Bénesse-Maramme
St-Martin-de-Hinx
Labenne
St-Martin-de-Seinanx
Biarrote
Tarnos
Boucau
Quartier Neuf
Adour
Anglet
Bayonne
Biarritz
Urt
Briscous
Bidart
Guethary
Labastide-Clairence
St-Jean-de-Luz
Ciboure
Ustarritz
Hasparren
Cabo Higer
Hendaye
Fuerte de Guadalupe
Hondarribia
Irun
Behovia
St-Pée-sur Nivelle
Ascain
Souraïde
Cambo les Bains
Banloc
Espelette
Itxassou
Sare
Ainhoa
Louhossoa
Bidarray
Pasai S. Pedro
Lezo
Errenteria
Pasai Antxo
Oiartzun
Hernani
Astigarraga
Ergoien
Lasarte-Oria
Urnieta
Andoain
Villabona
Anoeta
Tolosa
Berastegi
Lizartza
Areso
Leitza
Pto. de Uitzi
Betelu
Lekunberri
Bera/Vera de Bidasoa
Cueva de Zugarramundi
Landibar
Lesaka
Igantzi
Urdazubi-Urdax
Etxalar
Pto. de Otsondo 574
Artikutza
Arano
Goizueta
Arantza
Sunbilla
Bidasoa
Señorío de Bertiz
Oronoz
Erratzu
Pto. de Izpegui 672
Arizkun
Elizondo
Ituren
Zubieta
Doneztebe/Santesteban
Irurita
Valle de Baztan
Banca
Arnegui
Luzaide/Valcarlos
Aldudes
Ezkurra
Urrotz
Beintza-Labaien
Almandoz
Pto. de Belate 847
Velate
Valle de Ultzama
Valle de Anue
Lantz
Coto Nacional de Kintoa
Desfiladero Roncesvalles
Orreaga/Roncesvalles
Pto. de Ibañeta 1057
Aurizberri/Espinal
Auritz/Burguete
Orbaiceta
Jauntsarats
Larraintzar
Urritza
S. Miguel de Aralar
Berasáin
Eugi
E. de Eugi
Olague
Erro
Pto. de Erro
Garralda
Aribe
Arrieta
Abaurregaina
Lakuntza
Uharte-Arakil
Irurtzun
Arbizu
Izurdiaga
Marcaláin
Ripa
Ostiz
Zubiri
Anoz
Zuriain
Oroz-Betelu
Lizarraga
Pto. de Lizarraga
Ansoáin
Berriozar
Villava
Huarte
Nagore
Aritsu
Ororbia
Munárriz
Elxauri
Barañáin
Burlada
Egüés
Lizoáin
Salinas de Oro
Zizur Mayor
PAMPLONA/IRUÑA
Urroz
Aoiz
Epároz
Aós
Irurozqui
Lezáun
Belascoáin
Esparza
Noáin
Unciti
Artaiz
Arizala
Guirguillano
Pto. del Perdón
Beriáin
Ardanaz
Artieda
Legarda
Monreal
Cirauqui
Obanos
Enériz
Tiebas
Sª. de Tabar
Domeño
Lumbier
Puente
Urrobi
Erro
Arga
Arakil
Urumea
Elorz
Irati

Pasai Donibane.

Quizás sea el pueblo más evocador de toda Gipuzkoa. Aquí estuvo Victor Hugo y se muestra la **casa** que lo acogió. En 1843 escribió, en *Les Pyrenees*, a propósito de su estancia ese mismo año:

> Este lugar inédito, que es uno de los más hermosos que yo jamás haya visto y que ningún turista visita, este humilde rincón de tierra y agua que sería admirado si estuviera en Suiza y célebre si se hallase en Italia y que es desconocido por estar en Guipúzcoa, este pequeño edén radiante adonde yo llegaba por azar y sin saber dónde estaba, se llama en español Pasajes y en francés *Le Passage*.

Cabe preguntarse también si el muy cercano pueblo de **Hernani** no le inspiraría al famoso escritor francés el título para su inmortal y renovadora obra teatral que, más tarde, el italiano Giuseppe Verdi trasladara a la ópera. También, de aquí partió a América, para intervenir en la lucha por la independencia de Estados Unidos, Lafayette. De aquí salieron las famosas "bateleras", mujeres de este pueblo que se dedicaban a pasar a los viajeros de un Pasajes a otro por unos cuartos, que fueron contratadas, por así decirlo, por el rey de España Felipe IV, que las vio en acción en 1660, para que fueran a Madrid y pasearan a personajes de la corte en el estanque del Retiro. Ya no hay bateleras, sino *txalupas* –motoras tripuladas por hombres. Su **iglesia,** del siglo XV, tenía fama, nada menos –lo afirmaban viejos folletos turísticos–, de conservar el cuerpo incorrupto de Santa Faustina.

Pasai Donibane.

Nada más lejos de la realidad, para desilusión de fetichistas. Pero entrando a la derecha, bien se puede contemplar el milagro.

Y tras la visita a este pueblo, que podría prolongarse con la subida al **mirador de la ermita de Santa Ana** para obtener una panorámica de la bahía o con el delicioso paseo que, pasando bajo el **castillo de Santa Isabel,** nos lleva hasta la bocana para contemplar el mar abierto (merece la pena), el recorrido obligado es en retroceso, para recuperar el coche y emprender la subida al *monte Jaizkibel.* En su cima hay un parador, desgraciadamente cerrado, donde solamente funciona una cafetería-bar. Pero las vistas son maravillosas, dominando el *estuario del Bidasoa* y la *bahía de Txingudi* en todo su esplendor. Enfrente, Hendaya; abajo, Hondarribia, y las peñas de Aia, al fondo. Y, observando con atención el río Bidasoa, se vislumbra la famosa **isla de los Faisanes,** que tan importante papel jugó como escenario entre las relaciones hispano-francesas con la firma de la Paz de los Pirineos. También se contempla **Irún,** una Irún reconstruida, ya que fue pasto de las llamas durante la guerra civil española. Por la parte del mar, la vista sigue siendo impresionante y permite divisar toda la cornisa vasca en muchos kilómetros, si el tiempo acompaña, obviamente.

Casas típicas de La Marina (Hondarribia).

La bajada por Jaizkibel hacia **Hondarribia** pasa por delante de una campa, en la que está el **santuario** dedicado a la **Virgen de Guadalupe.** El nombre de la población –*Hondarribia,* traducido al castellano, significa,

Barrio de La Marina (Hondarribia).

La "frontera" donostiarra

Quienes no han visitado jamás San Sebastián tienden a confundir muchas veces dos ríos: el Urumea, que atraviesa la ciudad, y el río Bidasoa, que sirve de frontera natural entre Francia y España durante muchos kilómetros, hasta su desembocadura en el estuario de Txingudi, entre Hendaya y Hondarribia.
Famoso fue el patinazo de un periodista que, sentado en el famoso café Guria, en los bajos del edificio que acoge al teatro Victoria Eugenia, inició una crónica escribiendo: "¡Qué maravilla. Aquí España y, enfrente, Francia, tan cercana...!". Estaba contemplando simplemente el barrio de Gros y el río Urumea.
Más trágica y cruel resultó la estafa de unos contrabandistas dedicados al paso de portugueses clandestinos en los años cincuenta. Los recogían en la frontera hispano-portuguesa y los colocaban en los lindes fronterizos, tras haber cruzado la península en discretas furgonetas. Una noche, varios portugueses fueron abandonados a su suerte en el puente de Santa Catalina. Les indicaron que, cruzando el mismo, estaba Francia, y con ella la libertad, el trabajo... Los portugueses atravesaron agachados y a todo correr el puente. Al llegar al otro lado, llenos de felicidad, prorrumpieron en gritos: "¡Viva Francia, viva la libertad, muera Franco!", ante los ojos atónitos de un sereno español...

literalmente, "arenas extensas"– nos aclara de antemano que vamos a encontrarnos con una magnífica y extensa ***playa*** que, a pesar de todo, en verano termina resultando pequeña para tanta afluencia de bañistas –de ahí que muchos se pasen a la de enfrente, es decir, a la de Hendaya–. Fue una lástima que el ayuntamiento consintiera la construcción de unas torres en torno a la misma, pero el daño ya está hecho. Por fortuna es el único baldón de un magnífico y artístico pueblo que por su condición, durante siglos, de plaza fuerte, muestra unas sólidas fortificaciones y parte de su antigua muralla bien conservada y respetada.

Arriba, en la parte alta, se encuentran las **ruinas del castillo de Carlos V**, que fueron aprovechadas para construir un Parador de Turismo, todo un acierto dentro de un casco antiguo de obligadísima visita, con esa **Calle Mayor** en cuesta, llena de casas señoriales de magníficos aleros tallados, que, partiendo del arco de Santa María, llega a los

Casco Antiguo (Hondarribia)

Castillo d'Abaddia

pies del castillo y a la plaza de Armas. Merece la pena pasear por las calles del casco antiguo y rodear el **recinto amurallado** por los jardines del exterior.

Y entre el casco viejo y la playa, el popular barrio de **La Marina,** el barrio de los pescadores, tan típico, con sus balcones pintados de rabioso verde –porque el verde es el color elegido por el pueblo y el de las camisetas de sus remeros cuando compiten con su trainera–. Y, por supuesto, en los bajos de estas casas se ubican numerosos bares, restaurantes y sidrerías que en verano sienten el bullicio de los veraneantes y turistas. Abandonando el pueblo, a la izquierda, en la misma orilla del mar, se halla el **aeropuerto de Donostia/San Sebastián.**

Atravesada la frontera, la cornisa vasca se sigue mostrando en toda su espléndida belleza. Es aconsejable coger la romántica carretera costera D 912, que bordea el litoral sobre acantilados y verdes praderas con algún recorte llamativo en su perfil, el primero de los cuales es el **castillo d'Abaddia.** Se trata de una fortaleza neogótica construida por Antoine Abbadie, un viajero y erudito, nacido en 1810 en Dublín, conocido por sus exploraciones cerca de las fuentes del Nilo, en Etiopía, y por sus investigaciones sobre la cultura vasca. Hoy en día el castillo y sus tierras son propiedad del Conservatoire de l'Espace Littoral et des Rivages Lacustres (Conservatorio del Espacio Litoral y de las Riberas Lacustres), institución cuya función es comprar y proteger espacios naturales costeros de alto valor ecológico para evitar su degradación. El parque al que pertenece el castillo, cuya entrada es gratuita, es un importante observatorio de aves marinas y migratorias. En esta área también se pueden observar algunos búnkeres de la Segunda Guerra Mundial y dos **islotes** rocosos, de caliza rojiza, llamados **Deux Jumeaux** (los Dos Gemelos), donde también vive una importante colonia de aves marinas.

Continuando por la carretera D 912, pronto se divisa la preciosa bahía de **San Juan de Luz** (Saint-Jean-de-Luz), con el inconfundible **fuerte** de Socoa, del siglo XVII.

En **Ciboure,** casi enfrente de la bocana de su encantador puerto, sobresale sobre las demás casas de típica construcción una de piedra, señorial y elegante. En la misma nació el gran compositor Maurice Ravel (1875-1937). Detrás, la **iglesia de Saint-Vincent,** con sus tres campanarios y su pila bautismal con una inscripción que dice: "AQUÍ FUE BAUTIZADO MAURICE RAVEL EL 13 DE MARZO DE 1875".

Aseguran que Ravel, que vivió y murió en París, acostumbraba a bañarse los veranos en esta preciosa playa de la bahía de San Juan y que, un día, salió del agua precipitadamente, llegó a su casa y escribió las notas insistentes e inmortales de su *Bolero*.

Como es obligado, San Juan de Luz rinde culto al compositor con su Academie Internationale Maurice Ravel, creada en 1967 y sostenida por el heredero de los derechos de autor del músico. A principios de septiembre se organiza una *saison* musical, de unos quince días de duración, con participación de destacadas figuras.

Paseando por el viejo San Juan nos encontraremos en la calle Gambetta con la **iglesia de Saint-Jean-Baptiste.** Una lápida recuerda que en la misma contrajeron matrimonio el rey Sol y la infanta española María Teresa. Tampoco deben omitirse el paseo por el muelle hasta llegar al **faro,** desde donde se divisa toda la bahía, y el recorrido por la Gran Plage, en cuyo centro se ubica el **Casino de la Pérgola,** de estilo art déco.

Quien admire al novelista francés Pierre Benoit puede pasear por el bulevar que lleva su nombre y que conduce al **puerto,** al **fuerte** y al **dique** de **Socoa,** en la extremidad occidental de la bahía, y visitar el cementerio donde reposan sus restos. Benoit amaba este país, como lo amaron Pierre Loti, que escribió su novela de ambiente vasco *Ramuncho* en el hotel de la Rhune, en Ascain, y tenía su casita, al borde del río Bidasoa, en Hendaya, y Edmond Rostand, el creador del inmortal *Cyrano de Bergerac,* que vivió en Cambó, en una preciosa residencia abierta a la curiosidad del visitante, Arnaga, con un maravilloso jardín a la francesa y una casa repleta de recuerdos, cuadros y objetos.

Casa de Ravel (Ciboure).

Y en la cercana Arcangues, con su preciosa plaza de opereta, vivió y reposan los restos del famoso tenor Luis Mariano, con una voz prodigiosa

que no volverá a repetirse, que se dedicó generosamente al mundo de la opereta. Luis Mariano nació en Irún, pero fue enterrado aquí, y todavía sus admiradoras, seguramente ya en la tercera edad, depositan en su tumba ramos de flores al "cantor de México".

Desde San Juan de Luz, la carretera –no la autopista– conduce a Biarritz, pasando antes por dos preciosas localidades: **Guéthary** y **Bidart,** que conservan sendas antiguas capillas de marcado sabor marinero. Bidart está cuyo campanario está protegido con un tejadillo de madera.

Y, finalmente, **Biarritz,** la elegante, señorial y real Biarritz, a la que una española, Eugenia de Montijo, esposa del emperador Napoleón III, puso de moda como lugar de veraneo.

Hablando de este personaje, hay una opereta española, *Cinco minutos nada menos,* que hizo popularísima una canción en los años cuarenta que decía: "Eugenia de Montijo, hazme con tu amor feliz y yo, más que reina, te haré de Francia emperatriz".

Casco antiguo y puerto pesquero (San Juan de Luz).

situada sobre el promontorio más alto de la costa vasco-francesa y, desde el mismo, el panorama es impresionante, especialmente desde la preciosa **capilla de la Magdalena,** donde en la época de la caza de la ballena se enterraba a los marinos ahogados no identificados que el mar devolvía a tierra. En Bidart hay que detenerse y apreciar el especial encanto de su plaza labortana, presidida por la **Herriko Etxea** (Ayuntamiento), el frontón y la **iglesia de Nuestra Señora de la Asunción,**

Se lo cantara o no Napoleón, realmente el hecho es que cumplió su palabra. Eugenia le dio el "sí", pero al parecer le impuso una condición: "Veranearemos en Biarritz", porque la pequeña historia de las cosas se escribe más o menos así. Como ya he contado anteriormente, otra reina española pidió consejo a un doctor para su piel, y San Sebastián se hizo famosa en el mundo. Biarritz y San Sebastián están hermanadas por muchos motivos pero, principalmente, por esta elección azarosa y regia.

Biarritz.

Y ¿por qué Eugenia de Montijo conocía Biarritz? Muy sencillo: su familia acostumbraba a veranear en San Sebastián, como tantas otras familias aristocráticas españolas, pero cuando la guerra carlista les impidió trasladarse hasta aquí, decidieron veranear en Biarritz. Y Eugenia, la hermosa Eugenia, empezó a amar esta tierra tan bella.

Más adelante, cuando tuvo lugar el matrimonio real, los concejales de Biarritz se pusieron de acuerdo para enviar a la ya emperatriz una misiva, fechada el 30 de enero de 1853, en la que, elegante y finamente, le rogaban que no olvidase a los biarrotas. Tres meses después, la condesa de Montijo, madre de Eugenia, camino de España se detuvo en Bayona y anunció que su hija veranearía en Biarritz. Y cumplió lo prometido. Se inauguraba así un período esplendoroso para esta localidad. Adiós Dieppe, Dinard, Boulogne, Deauville, Cabourg, Trouville... La moda impondrá veranear en Biarritz, junto a los monarcas. De 1855 a 1868, salvo contingencias varias, Biarritz se convierte, en verano, en la capital de Francia y casi de Europa.

En 1865, la reina Isabel II de España se acerca desde San Sebastián a saludar a su paisana, amiga y colega, acompañada del general O'Donnell, al cual pareció gustarle el lugar, porque cuando le cesaron se vino aquí...

En el verano de 1869, los soberanos no aparecen por Biarritz. Estalla más tarde la guerra franco-prusiana y el desastre de Sedan. Parecía que todo iba a acabarse para Biarritz y que iba a pasar a ser un mito...

Acabada esta guerra, se inicia en Europa un período de paz que duraría cuarenta y cuatro años, exactamente hasta 1914, fecha en que se inicia la Gran Guerra, es decir, la I Guerra Mundial. Serán éstos los años más brillantes para Biarritz, los de su Belle Époque, que los vivió tan esplendorosamente como San Sebastián. Los españoles aristocráticos prosiguen la costumbre, iniciada en tiempos de Isabel II, de veranear en San Sebastián y acudir a visitar a sus amigos del otro lado.

Y en Biarritz, el 29 de enero de 1906, Alfonso XIII pide la mano de Victoria Eugenia de Battemberg para convertirla en reina de España. No hay ninguna canción que sepamos para tal petición.

A Biarritz vendrían en exilio el duque de Prim y el duque de la Torre.

En 1881 se celebró el I Congreso de los Republicanos españoles. Cada cambio político español encontraba

Grand Bayonne (Bayona).

en Biarritz su correspondiente oleada de exiliados de distinto signo político. Por Biarritz pasaron los personajes más famosos del mundo, entre ellos Picasso, que pintará su *Bañistas de Biarritz,* y Charles Chaplin "Charlot", a quien un día, le asalta la curiosidad por conocer una corrida de toros y se acerca a San Sebastián para presenciar el espectáculo. Algunas veces se ha dicho que no lo resistió y que se fue a la mitad...

Millonarios de todo el mundo construyeron sus residencias veraniegas. La residencia imperial, que ya se había convertido en el hotel du Palais, fue utilizada por los alemanes como cuartel general durante la II Guerra Mundial. Para Biarritz habían terminado los tiempos de esplendor, quizás antes, porque de la guerra civil española le llegaron los rescoldos...

Tras la guerra, Biarritz conoce la decadencia. La Costa Azul resulta una gran competidora y hace estragos entre su clientela. De todos modos, llegan huéspedes ilustres, y el "apogeo" de este período, o canto del cisne de un Biarritz que ya jamás llegará a ser lo que fue, ha de situarse el 12 de abril de 1954, con la mítica fiesta ofrecida por el marqués de Cuevas alrededor del romántico lago de Chiberta, que reunió a 2.000 invitados entre lo más destacado de la "jet" internacional, aunque todavía esta palabra no estuviera en uso.

Luego, las sacudidas del nacionalismo vasco, en sus apuestas más radicales también perjudicaron a Biarritz y su región. Afortunadamente, en las últimas décadas, las cosas han vuelto a su cauce y Biarritz vuelve a estar de moda, con otro estilo, con otro tipo de turista, pero conservando siempre un aire de distinción, señorial, chic. La construcción de modernos edificios no ha roto del todo la armonía del paisaje, como ocurrió desgraciadamente en Montecarlo, y sigue siendo muy gratificante pasear por el viejo puerto, con la cercana **iglesia de Santa Eugenia,** y acercarse a la famosa ***Roca de la Virgen.*** Por aquí también abundan los tamarindos, y las ***playas*** –Marbella, Milady, Miramar, Costa de los Vascos, "Chambre d'Amour"– siguen constituyendo su gran atractivo. El **Casino Bellevue** conoció mayores esplendores, y una importante clientela española fue disminuyendo con los años a medida que en España se abrían también casinos y bingos.

En Biarritz se construyó ese templo del milagro laico llamado **Instituto de Talasoterapia Louison Bobet,** enclavado en un moderno hotel que rompe con toda la línea de edificios que jalonan la playa Miramar. Los biarrotas están muy orgullosos de este instituto, que ha establecido sucursales por toda Europa.

La historia es bonita. El gran ciclista francés sufre un brutal accidente de automóvil en 1961: fractura abierta de fémur. Se somete a una reeducación funcional en el medio marino, se cura y decide propagar las excelencias del método... cobrando, claro está, porque esto no es Lourdes –aunque, ciertamente, no está muy lejos de serlo– y aquí todos los clientes pagan, creyentes o no creyentes. El ciclista ya murió, pero su hermano y otros socios prosiguieron la labor.

Visitar el **hotel du Palais** resulta obligado. Desde su terraza se divisa la espléndida playa de Biarritz. Un incendio lo destruyó y en sus jardines, en una especie de homenaje, se exhibe un antiguo y barroco ventanal del antiguo palacio. Lo que sí se conserva es la pequeña **capilla imperial,** dedicada a la Virgen de Guadalupe –¡otra, y ya van dos, con la de Jaizkibel!–, que mandara construir la emperatriz, ya que era muy devota de la Virgencita guadalupana. Está cerrada al público, pero no es difícil conseguir la llave en la alcaldía. La capilla se conserva muy bien. La bóveda es mudéjar y en las columnas del ábside se hallan inscritas las famosas iniciales N y E (Napoleón y Eugenia), como pareja de enamorados que se hubiera dedicado a dejar constancia de su amor en un árbol muy especial.

Totalmente restaurado y modernizado, el hotel du Palais volvió a abrir sus puertas el 1 de mayo de 1985. Fue todo un signo del renacer de Biarritz. Para sobrevivir, los extensos jardines imperiales fueron sacrificados y vendidos por parcelas que terminaron por albergar modernos edificios.

De aquel famoso y vetusto hotel queda el recuerdo de los famosos que por el mismo pasaron, como Flaubert, Victor Hugo, Alejandro Dumas, Emile Zola, Francis James... Ellos pudieron contemplar el mismo océano infinito que hoy se sigue mostrando al visitante, con rayo verde incluido, en ocasiones. Un infinito que, desgraciadamente, ninguno de los citados se animó a plasmar.

Desde Biarritz a Bayona hay un paso, como quien dice. **Bayona** está en el interior, pero el río Nive, tan ancho y generoso, la acerca al mar, a sólo 12 km. Capital efectiva de Iparralde o País Vasco-Francés, es una ciudad entrañable, rodeada de murallas, muy bien

La Roca de la Virgen (Biarritz).

conservadas en algunas zonas, y bañada por dos ríos: el Adour y el ya citado Nive, que se juntan cerca del Ayuntamiento.

Bayona es una ciudad de obligada visita. En primer lugar por su **Grand Catedral de Ste Marie,** o de Notre Dame, el templo gótico flamígero más importante del País Vasco, con una planta iniciada en 1200 y fachada principal terminada en el siglo XVI. Además de la portada, las 5 capillas radiales y las vidrieras, merece ser destacado el claustro del lado sur, también de estilo gótico flamígero. En la parte vieja de la ciudad destaca asimismo la **place Pasteur,** antiguamente lugar de ejecuciones públicas, la **rue d'Espagne,** la más comercial de esta parte de Bayona, y las viejas **murallas,** cuyo recorrido puede realizarse desde el Chateau Vieux. La parte baja de esta zona de la ciudad es de las más populosas, con mansiones de los siglos XVI y XVII como el **hotel Belsunce,** la **casa Moulis,** la **torre de Serrourier** o el **hotel de Ville (Ayuntamiento).** Unida a la Grand Bayonne por 4 puentes, la **Petit Bayonne** o Bourg Neuf, de origen medieval, se encuentra en el triángulo que forma la confluencia de los ríos Adour y Nive con más restos de muralla en su parte sur y con las calles La Galuperie y Des Tonneliers, flanqueadas por casas con soportales y especialmente animadas por la noche. En esta parte de la ciudad se encuentran los dos interesantísimos museos de Bayona: el musée Bonnat y el Musée Basque.

El **museo Bonnat,** al igual que el de Zuloaga en Zumaia, del que luego hablaremos, tiene como origen una colección de arte privada. Bonnat nació en Bayona, fue discípulo de Federico de Madrazo y legó a su ciudad natal su artística colección, tan variada como impresionante, con antigüedades de muy diversas culturas, tapices, colección de marfiles del siglo XIV y pinturas de grandes maestros como Leonardo da Vinci, Rafael, Miguel Ángel, Rembrandt, Ingres, Ribera, Murillo, El Greco, Goya, Turner... Un catálogo impresionante.

Grand Catedral de Ste Marie (Bayona).

Muy cerca, el **Museo Vasco** es el primero dedicado al pueblo vasco y, quizás, el más importante de Euskadi, instalado en un antiguo convento y después hospital, en la orilla del Nive; fue inaugurado en 1922. Ofrece una completa visión de la cultura del pueblo vasco en todas sus facetas y una muy curiosa sección dedicada a la magia y la brujería, de las que su expresión más espectacular la encontramos en las famosas cuevas de Zugarramurdi. Pero para llegar a éstas, habra que plantearse una ruta alternativa, que incluye las referidas cuevas y la posterior visita a la casa del gran escritor donostiarra, el más importante de nuestro siglo, Pío Baroja, en Bera, pueblo navarro situado en la muga con Gipuzkoa e Iparralde. Esta opción es tan viva,

El tren de cremallera de la Rhune asciende a la cima del mismo nombre donde se podrá gozar de unas espléndidas vistas.

curiosa, morbosa e interesante que los excursionistas habrán de meditarlo seriamente antes de asumir la idea de volver a San Sebastián, en línea directa a 50 km. Porque llegar al centro más famoso de la brujería vasca resulta un poco complicado, pero no tanto.

Esta ruta alternativa bien puede llevarse a cabo regresando a San Sebastián, tras la jornada reseñada, o quedándose a dormir en el camino –en el mismo Bayona, por ejemplo– para iniciar un nuevo itinerario al día siguiente. En coche desde Bayona, nos conduciría hacia el interior del País Vasco-Francés, a los pequeños pueblos labortanos, llamados así porque pertenecen a Lapurdi, una de las tres provincias –Baja Navarra y Zuberoa son las otras dos– que, con la región de Bearn, constituyen administrativamente el Departamento de los Pirineos Atlánticos.

Sare.

Estas tres provincias, en suelo francés, junto a las radicadas en suelo español –Gipuzkoa, Bizkaia, Araba/Álava— y la foral Navarra, son lo que constituye Euskal-Herria, soñada y ambicionada por los vascos nacionalistas o *abertzales*. Siete provincias en una, *Zazpi bat*. Y todas ellas bajo el simbólico árbol de Gernika.

La excursión permite adentrarnos, además, en una región muy diversa del País Vasco español, donde la industria y el desarrollo económico del último siglo transformaron el paisaje, mejor dicho, lo degradaron en altas cotas y proporciones.

En el País Vasco-Francés no ocurrió lo mismo. Siempre olvidado por París, la vida rural y agrícola, forzadamente idí-

lica, ha permitido que el paisaje y el medio ambiente se conserve intacto en gran parte. Y, para comprobarlo, nada más indicado que acercarse a **Ascain** para ascender, desde muy cerca del pueblo –preciosa su **Plaza Mayor**–, por la carretera del col de San Ignacio al *monte La Rhune* en el tren de cremallera. En su cima, a una altura de 900 m sobre el nivel del mar, la vista en días claros es francamente hermosa. Luego aguarda **Sare,** con su preciosa **iglesia** y plaza, y desde allí hacia Navarra, porque nada más traspasar la frontera –por Dantxarinea– se encuentra Zugarramurdi y sus cuevas. El camino mostrará los magníficos y bien cuidados caseríos vasco-franceses, de blanca fachada, de contraventanas de madera pintadas en rojo carmesí o verde, con balconadas repletas de flores, en medio del verdor general. Una auténtica delicia.

Por estos montes y praderas situaba Pierre Loti las aventuras y dramas amorosos de su *Ramuncho.* Y no es de extrañar que un paisaje muy parecido lo volviera a encontrar, y a emocionar, nada menos que en Tahití, que también eligió como escenario para otra de sus románticas novelas.

Eligiendo la ruta francesa y cruzado el paso fronterizo, con sus tiendas de souvenirs inevitables, se llega primero a las menos conocidas *cuevas de Urdax,* habilitadas para su visita, y luego al pueblo de **Zugarramurdi.** Es aconsejable dejar el coche allí e iniciar el descenso por un ancho camino hacia la entrada de la cueva, aunque también puede hacerse en coche. Al traspasar la verja de entrada no es posible imaginar el escenario que encontrará descendiendo por un sendero bien cuidado.

La cueva constituye un impresionante complejo cárstico y su cavidad principal ha sido producida por el agua de una regata, Inpernuco Erreka, que la atraviesa conformándola como un amplio túnel. De lo que sucedía aquí, de los *akelarres,* o reuniones de brujas, la tradición oral se ha encargado siempre de transmitirlo. El director de cine Pedro Olea rodó, en estos mismos lugares, un tétrico film que llevaba por título *Akelarre,* en el que se trata, exactamente, de lo que la historia nos cuenta: cómo en el desgraciado mes de enero de 1609 se presentaron, en Zugarramurdi, un comisario de la terrible Inquisición y su notario para indagar sobre los sucesos acaecidos en el pueblo.

Resultaría largo y prolijo explicar con detalle el cúmulo de confesiones, denuncias y contradicciones que llevaron al final a 40 personas hasta

Cuevas y entorno de Zugarramurdi.

Logroño, las que parecían más culpables del delito de brujería. Pero cerca de 300 personas llegaron a ser implicadas, dejando aparte a los niños. Se les acusaba de adorar al diablo, de metamorfosis, de celebrar misas negras en las cuevas, de vampirismo, de necrofagia...

Los días 7 y 8 de noviembre de ese mismo año se conoció la sentencia: 18 absueltos, 12 condenados a la hoguera y el resto a diversas penas, como pérdida de bienes, prisión perpetua... Cinco de los condenados a la hoguera tuvieron la suerte de fallecer antes en la cárcel pero, de todos modos, murieron en efigie, esto es, representados en imágenes de cartón-piedra seguidas por cinco hombres que portaban los restos de cada uno en pequeños ataúdes. De las seis personas quemadas en la hoguera, cuatro eran brujas y dos brujos.

Esta versión oficial nada tiene que ver con las leyendas populares de la región, que nada saben de libros, fechas, inquisidores... Pero se temió a las "malas personas" durante muchos años después y no era difícil observar en la puerta de los caseríos una cruz compuesta por dos palos de fresno y, al lado, una ramita de laurel bendecido para ahuyentar a las brujas.

Desde Zugarramurdi, en días de buena visibilidad, se ven San Juan de Luz y el mar, y se decía que las brujas, para divertirse, enviaban al diablo hasta allí para que provocara una tempestad y el naufragio del barco que entrara en el puerto. Y el diablo obedecía. Visitar la cueva de Zugarramurdi es descender a los infiernos de otras épocas, de otros siglos tenebrosos, donde la sinrazón de la razón produjo en el género humano hechos execrables, patéticos, crueles y dramáticos, hoy día perfectamente explicados, analizados e investigados históricamente por Julio Caro Baroja, insigne antropólogo y estudioso investigador, a quien los habitantes de esta zona conocían muy bien, ya que su casa, llamada *Itzea,* está cerca de este lugar, en la preciosa localidad navarra de **Bera/ Vera del Bidasoa,** adquirida a principios de siglo por su tío, el insigne escritor Pío Baroja.

Iglesia de San Esteban (Bera del Bidasoa).

Cuenta Pío, en sus *Memorias,* que muchos le tildaron de loco cuando, viviendo ya en Madrid, se le ocurrió adquirir una gran casa solariega, semiderruida, para sus retiros; algo que, con los años, se pondría muy de moda, especialmente entre la gente de capital. Desde que Pío Baroja falleciera en 1956, sus herederos la mantienen tal como la reformara el escritor y no niegan a nadie la visita a la misma, siempre que no sea en horas intempestivas. *Itzea* está enclavada en la encantadora Bera, pueblo de contrabandistas, fama que han tenido siempre los habitantes de esta región, en algunos casos más que justificada. Y, siguiendo por Bera, la carretera conduce al precioso valle del Baztán donde, según Prosper Merimée, nació y vivió su juventud Don José, el apasionado oficial que mató a Carmen en Sevilla. Y, si he hablado de *Carmen,* sería injusto no señalar que, en la novela del ya citado Merimée, se indica que la gitana era nacida en **Etxalar,** bucólico pueblo navarro situado a 12 km de Bera.

El pueblo es famoso por sus **palomeras,** ingenioso y ancestral sistema mediante el cual los habitantes de los vecinos Sare y Etxalar llevan cazando palomas desde tiempo inmemorial. Para ello se colocan unas grandes redes en el collado de Palomeras; cuando llegan las palomas dispuestas a atravesar el Pirineo por su parte más baja, suena un cuerno de aviso, mientras se asusta a las palomas con banderolas y arrojándoles unas paletas blancas desde altas torres situadas a los lados del paso. Las palomas creen que les atacan rapaces y descienden súbitamente para escapar entre las hayas, encontrándose en el camino con las redes en que quedan atrapadas. Es difícil coincidir con el momento, pero quien lo ha conseguido difícilmente olvidará los instantes mágicos y tensos en los que se intenta atraer a las palomas a las redes fatídicas.

En las llamadas Ventas de Etxalar, a 3 km del pueblo, posiblemente, se conocieron José y Carmen. Luego, el destino hizo que los dos volvieran a verse en Sevilla, con las dramáticas consecuencias que todos sabemos por la novela y la ópera de Bizet.

El escritor recogió una historia de la vida real y puso, en boca de sus protagonistas, una conversación en euskera. Una sorpresa para quienes crean que Carmen era sevillana. A su vez, Don José se llamaba José de Lizarrabengoa. En la novela comentan que estaban a cuatro horas de camino... andando. Ahora, desde Etxalar al Baztán, no hay más que un precioso paseo... en coche. Pero ésa ya es otra historia.

Casa de Pío Baroja (Bera del Bidasoa).

En el Restaurant, enclavado junto a la antigua ferrería que ocupara Carmen –hay unos documentos que lo atestiguan– se ha reconstruido con cariño la posible estancia de Carmen, con mobiliario de la época. También Carmen tiene su estatua frente a la famosa plaza de toros sevillana, de la Real Maestranza, cuyo rótulo dice, simplemente, "Carmen".

El camino de regreso a Donostia/San Sebastián desde Etxalar pasa por **Lesaka,** una de las "Cinco villas" navarras de la Regata del Bidasoa y quizás donde mejor se ha conservado un conjunto de arquitectura popular entremezclado con torres guerreras y magníficas casas solariegas.

El **alto de Aritxulegi,** estación dolménica muy visitada, y las *peñas de Aia* nos dejan a la entrada del valle de **Oiartzun** y el precioso pueblo que da nombre al valle, a 11 km de la capital guipuzcoana. Formado por varios barrios, el pueblo tiene interesantes edificios blasonados. Fue colonia romana y algunos restos arqueológicos se muestran en forma de cromlechs.

El regreso a San Sebastián, por la autovía, es un rápido paseo. Por la noche es posible que sueñe con brujas... ◆

2. Por la Costa Vasca

Al igual que una excursión por la costa vasco-francesa resulta francamente apasionante, otro tanto puede suceder si elegimos "du coté Getaria", por resaltar quizás el pueblo más bello de las seis localidades guipuzcoanas que jalonan la costa hasta el límite con Bizkaia, marcada por la playa de Saturrarán. Esa media docena la constituyen **Orio, Zarautz, Getaria, Zumaia, Deba** y **Mutriku.** Dado que la distancia entre San Sebastián y la última de las citadas es de 55 km por carreteras comarcales –la autopista hay que evitarla a toda costa, en el viaje de ida por lo menos, y al regreso es recomendable utilizarla a la altura de Deba, si se tiene ganas de volver con prisa y sin pausa–, una jornada es suficiente para visitarlas.

Abandonando San Sebastián, la carretera, tras pasar Lasarte, con su famoso hipódromo, discurre en paralelo con la ría de Oria. Y antes de llegar a Orio nos toparemos con un pueblecito famoso por sus angulas: **Aginaga.** No merece la pena detenerse porque esas angulas, que se consumen por toda España pregonando su procedencia, poco tienen que ver con las de esta zona, que no ha podido dar abasto a tanta demanda y fama de que gozan.

Llegando a **Orio,** la ría se ensancha y, quizás, tengan la suerte de contemplar a los remeros de la localidad entrenándose en la misma. Son los de la trainera amarilla, gran rival de los de Pasai Donibane, Hondarribia, Zumaia, etc. Orio tiene una playa un tanto salvaje, pero un cámping importante, así como excelentes restaurantes en el barrio de los pescadores.

Cinco kilómetros después está la señorial localidad de **Zarautz** que, en verano, cobra especial animación con su colonia veraniega y que se hizo ya famosa, con la reina Isabel II de España, al elegirla como lugar de veraneo. Muchos años después, Fabiola de Mora y Aragón, que desde niña siempre veraneó en la misma, continuó la tradición, siendo ya reina de Bélgica, con su marido, Balduino.

Zarautz, hasta que fue descubierta para el turismo, vivió durante siglos de la pesca y especialmente de la captura de ballenas. Precisamente, en 1878 se produjo la captura de la última que se vio por estas aguas, y a la que nos referimos al hablar del Aquarium donostiarra. La ballena enfrentó siempre a los habitantes de Zarautz y de Getaria, ya que, si bien los primeros clavaron

Ría de Orio.

el primer arpón, los de Getaria consiguieron llevarla a buen puerto, al suyo. Pero la guerra de las ballenas ya terminó, aunque, en cierta ocasión, una ballena de cartón-piedra reproducida en los carnavales zarauztarras hizo que volviera a resurgir la polémica.

Playa de Zarautz.

Zarauz tiene una cuidada y extensa ***playa*** donde se practica el surf y un casco histórico muy interesante. **Torre-Luzea** constituye una magnífica muestra de la arquitectura vasca. Construida en el siglo XV, en piedra de sillería, albergó a Enrique IV y su estancia queda patente por la existencia de un escudo del monarca, que vino a poner paz en las luchas de los linajes banderizos y ordenó destruir la casa torre primitiva, en cuyo terreno se asienta hoy el **palacio de Narros,** construido en 1536, de espaldas al mar. Solamente la parte central es antigua, ya que sus dos cuerpos laterales fueron añadidos en el siglo XIX. Destacan, además, el **palacio Portu,** del siglo XVII y actual Ayuntamiento, y **casa Makatza,** una casa torre gótica.

Interesante resulta también la visita a la **iglesia** parroquial **de Nuestra Señora la Real,** con planta de cruz latina, de construcción iniciada en el siglo XVI y con un magnífico retablo plateresco en su interior, obra de los Araoz, padre e hijo (el primero de la escuela de Berruguete), y su peculiar torre adosada, un campanario que cumple sus funciones, aprovechando una casa-torre que perteneció al linaje de los Zarautz. En esta bella localidad costera se pueden visitar también dos interesantes centros de exposiciones: el **Museo Vasco de la Fotografía** (Photomuseum), en el que se puede seguir el desarrollo del arte fotográfico, y el **Museo Escuela del Mar** (Itxas Natura).

De Zarautz a **Getaria** hay un precioso paseo en coche, junto al mar, repleto de curvas, pero que permiten apreciar muy bellas perspectivas del famoso *ratón* guetariano, es decir, del **islote**

Playa de Zarautz.

Casco antiguo de Zarautz.

de San Antón. Pueblo encantador, famoso por su *txakoli* –un vino blanco elaborado con la uva blanca que se cultiva tanto en Zarautz como en Getaria–, por sus restaurantes y por su gran **iglesia** gótica **de San Salvador,** construida entre finales del siglo XIV y principios del XV, y que ostenta con orgullo el hecho histórico de haberse celebrado en ella, el 6 de julio de 1397, las Juntas Generales de Gipuzkoa.

Fue declarada monumento nacional histórico-artístico en 1895 y en ella fueron bautizados cuatro hijos preclaros de la villa a lo largo de los siglos: Juan Sebastián Elkano, Domingo de Bonechea, Cristóbal Balenciaga y Pepita Embil.

Elkano fue el primero que dio la vuelta al mundo, completando la gesta que iniciara Magallanes, y en su honor se alza, en la entrada del pueblo, el monumento a él dedicado obra de Victorio Macho, inaugurado el año 1922 por Alfonso XIII –al igual que la **Casa Consistorial**– con motivo de celebrarse el IV Centenario del evento.

De Domingo de Bonechea e Iribar poco se sabía en su pueblo y en el País Vasco, pero ahora ya dispone de una plaza y un monolito en su recuerdo. El capitán de fragata Bonechea, bajo el reinado de Carlos III, se encargaría de escribir una página de la historia de España tan brillante como efímera: la anexión de Tahití a la Corona de España, el 5 de enero de 1775. Pero, días más tarde, Bonechea murió en aquellas lejanas tierras, siendo enterrado en Tautira. Durante años se conservó su tumba, pero tras el maremoto que asoló Tautira, y Tahití en general, en 1906, no ha quedado huella de ella, aunque se han hecho muchos esfuerzos por localizarla, ya que, según una leyenda indígena, junto a sus restos reposa, también, el "tesoro de los españoles".

Cristóbal Balenciaga, el famoso modisto y diseñador que revolucionó el mundo de la moda en los años cuarenta en París, y considerado el maestro por la alta costura parisina, nació en este pueblo en 1895 y reposa ahora en el cementerio local. Precisamente, en la parte alta de la localidad, en el parque Aldamar, se rinde tributo a este hijo ilustre de Getaria con la Fundación que lleva su

Vista de Getaria.

nombre. También la cantante lírica Pepita Embil, madre del famoso tenor madrileño Plácido Domingo.
Getaria fue destruida en su totalidad por un incendio en 1597 y, posteriormente, en especial con las guerras carlistas, también sufrió numerosas vicisitudes, pero sigue siendo un pueblo acogedor que muestra con orgullo otra **estatua de Elkano,** recuperada de San Sebastián, y que ahora parece señalar con su brazo: "¡Yo estuve allí!".
Abandonando Getaria, la carretera costera sigue ofreciendo magníficas vistas hasta llegar a **Zumaia.** Luego, hasta Deba, el camino discurre por el interior.

Situada en la desembocadura del río Urola, la villa de Zumaia –el título se lo concedió Alfonso XI en 1347– encierra dentro de sus pequeños límites dos museos interesantísimos: el del pintor Ignacio Zuloaga y el del escultor Julio Beobide, a los cuales, precisamente, unía una gran amistad. Cada uno tenía su casa en las orillas opuestas del Urola, pero Zuloaga lo cruzaba en barca y se reunían en la casa de Beobide, *Kresala,* para hablar de sus cosas. Cada uno hizo del otro un retrato, pero, curiosamente, no se los intercambiaron. La escultura de Beobide es la única que, en vida, le fue realizada y se exhibe en el museo.

¡Yo soy de allí!

En el Paseo Nuevo donostiarra existía una capilla que, en tiempos del franquismo, estuvo dedicada a los marineros del crucero Baleares, *hundido por los aviones republicanos durante la guerra civil. Delante se yergue un pedestal vacío. En el mismo estuvo, durante muchos años, una estatua en bronce, verdosa, de Juan Sebastián Elkano, trasladada desde su pueblo, Getaria, donde se exhibía en una acogedora plazoleta, hasta San Sebastián por decisión muy personal de las tropas vencedoras. Pero un día, muerto Franco, el alcalde de Getaria creyó que ya era llegada la hora de colocarla de nuevo en su sitio. Además, la estatua, con su brazo señalando precisamente al pueblo que le vio nacer, parecía decir: "¡Yo soy de allí!".*

Agotadas todas las gestiones ante los organismos pertinentes, Mariano Camio, entonces alcalde de dicho pueblo, una noche se presentó con un camión y varios voluntarios ante la estatua del Paseo Nuevo. La desmontaron, la cargaron en el camión y se la llevaron. Al parecer, el brazo se salía del toldo aunque fuera en posición horizontal. Pero llegó a Getaria y volvió a ser colocada en su sitio. Ahora parece decir: "¡Yo estuve allí...!".

El Ratón de Getaria.

Beobide murió en 1969, a los 77 años; Zuloaga, mucho antes, en 1945. Muy obligada resulta la visita tanto al **Museo Beobide,** emplazado en su casa-estudio *Kresala,* como al **Museo de Ignacio Zuloaga,** inaugurado en 1921 y también residencia del artista. Además de obras de Zuloaga, también expone valiosas pinturas de Goya, El Greco, Zurbarán, etc.

Pero sería injusto, tras la visita a estos dos museos, seguir el camino sin haber visitado antes la **iglesia de San Pedro,** de estilo gótico vasco, en cuyo interior se exhibe un excelente retablo de Juan Anchieta, del siglo XIV, única obra de este interesantísimo escultor vasco existente en Gipuzkoa.

Y si se va bien de tiempo, la **ermita de San Telmo,** visible desde el mar, merece la pena. Fue sede de la Cofradía de Mareantes, fundada en el siglo XVII.

Más próxima a la villa se sitúa la **ermita** y el **hospital de Santa María de Arritokieta,** que albergaba a enfermos contagiosos, entre ellos a San Francisco de Borja.

La excursión puede prolongarse hasta los dos últimos pueblos de la costa guipuzcoana, Deba y Mutriku. En el primer tramo de carretera costera, antes de llegar a Deba, resulta muy interesante observar la llamada ***Rasa Mareal de Mendata,*** un fragmento de costa que en bajamar deja al descubierto un interesante paisaje de formaciones rocosas, único, desde un punto de vista geológico, en el Cantábrico. La carretera comarcal tiene la ventaja de que pasa muy cerca del famoso **santuario de Itziar,** con un excelente retablo pla-

Zumaia.

Playa de Deba.

teresco del ya citado Andrés de Araoz y la Virgen de Itziar, patrona de los mareantes.

Deba es también localidad veraniega de renombre gracias a su gran playa abierta.

Merece la pena visitar de esta localidad la **iglesia** parroquial **de Nuestra Señora de la Asunción** y su magnífico claustro, de estilo gótico, situada en la plaza Zaharra. Y muy próxima a ésta, la plaza de los Fueros, con su **Casa Consistorial,** edificio del siglo XVIII, que exhibe tres escudos de sillería.

Por último, **Mutriku,** en el límite con Bizkaia y uno de los puertos pesqueros más pintorescos de Gipuzkoa. Preciosos su playa de Saturrarán y su puerto pesquero, reflejado en cientos de obras pictóricas, postales y calendarios.

Al igual que Getaria también Mutriko sufrió dos grandes incendios –en 1543 y en 1548– que destruyeron el pueblo en su totalidad. A pesar de ello, cuenta con magníficos edificios en el casco antiguo, especialmente la **Torre Berriatua** de mampostería, del siglo XVI, y el **palacio de Zabiel,** del siglo XVI, rehabilitado para casa de cultura. También es interesante visitar la **iglesia** parroquial **de Nuestra Señora de la Asunción,** del siglo XIX, de estilo neoclásico, con fachada con seis columnas dóricas y con frontón triangular.

También se puede ir a visitar la **casa** natal **de Churruca,** que terminó sus días en la batalla de Trafalgar.

Hay una escultura erigida en su memoria que se halla frente a la Casa Consistorial, en la plaza que lleva su nombre.

Playa de Saturrarán (Mutriku).

3. Tres santuarios guipuzcoanos

Una última sugerencia, una última excursión en torno a San Sebastián conduce al interior, al corazón de Gipuzkoa, y un itinerario que discurre entre la capital y Oñati permite conocer, en una jornada bien aprovechada, los tres santuarios guipuzcoanos: el de Loiola, el de Andra-Mari –más conocido por "La Antigua"– y el de Arantzazu. Merece la pena una excursión a estos centros religiosos de significado tan universal el primero, tan entrañable el segundo y muestrario del arte contemporáneo vasco el tercero. Y el paisaje que los circunda y enmarca admirablemente también merece ser disfrutado.

En Loiola, localidad situada entre Azpeitia y Azkoitia, nació San Ignacio, fundador de la Compañía de Jesús y vasco universal. El santuario de Arantzazu está muy cerca de Oñati. Y, en medio de las dos, "La Antigua", cerca de Zumarraga.

Por la autopista, ya utilizada quizás en el paseo por la costa vasca, y a la altura de Zumaia, se abandona la misma por la salida que indica Azpeitia-Azkoitia. Éste es el camino que, pasando por el precioso y restaurado **balneario de Zestoa** –que grandes años de esplendor conociera y en cuyo pueblo iniciara su carrera profesional como médico Pío Baroja–, nos llevará a los tres santuarios.

Zestoa.

Siendo tempraneros en la salida, se pueden visitar los tres en una sola jornada que, a todas luces, resultará inolvidable... si el tiempo acompaña.

Situado geográficamente en el centro de la provincia de Gipuzkoa y, a su vez, del valle de Urola, en el denominado, con mayor precisión, valle de Iraurgi, el **santuario de Loiola** se halla en medio de **Azpeitia** y **Azkoitia,** dos localidades con cascos históricos dignos de visi-

Loiola.

tar si se tiene tiempo. Si se tiene tiempo, conviene echar un vistazo también a dos interesantes museos: el **Museo del Medio Ambiente** y, especialmente, el interesante **Museo del Ferrocarril,** donde se puede apreciar la evolución de este sistema de transporte e incluso hacer algún recorrido en trenes tirados por viejas locomotoras de vapor. Ambos se encuentran en Azpeitia, desde donde se accede con más facilidad al **Santuario de Loiola.**

Erigido en honor de San Ignacio de Loiola, fundador de la Compañía de Jesús, es una magnífica obra barroca, según los planos del italiano Carlo Fontana, discípulo de Bernini, que jamás puso los pies en Loiola. Sería el irunés Pedro de Recondo quien lo terminaría. El 19 de febrero de 1682 adquirió la casa solariega y sus terrenos la reina Mariana de Austria, viuda de Felipe IV; el 28 de marzo de 1689 se colocó la primera piedra y se inauguraba el 31 de julio de 1738, el gran día del santuario y de Gipuzkoa, el día del patrón, una de las fiestas de más honda raigambre de toda Euskal Herria. Ese día, en todas las iglesias vascas se canta el himno en euskera dedicado al fundador de ese formidable ejército espiritual concebido aquí precisamente.

Este vasco universal, más tarde, forjaría sus ejercicios espirituales en una cueva de Manresa, en Cataluña, camino de Roma, donde moriría el 31 de julio de 1556, pronunciando sus últimas palabras "Jesús, Jesús...". San Ignacio de Loiola está enterrado en la iglesia romana del Gesú.

Toda la construcción se realizó con materiales nobles, a base de grandes bloques de mármol, en diversos colores, extraídos del Izarraitz, que domina el valle y que en euskera quiere decir sierra de la Estrella. Cuentan que llegaron a trabajar hasta 600 canteros al tiempo. Todo huele a barroco, entre un barroco italiano y un barroco español, pues hasta aquí vino Joaquín Churriguera para solucionar el modo de sustentar el lanzamiento a las alturas de la pesada mole. Hizo que cada uno de los ocho pilares de sustentación formara parte de un trípode con otras dos estructuras ocultas en el muro de cinta o formando las arcadas del

pórtico con sus contrafuertes. Siete altares cobija la nave circular, siendo el altar mayor lo más discutible del conjunto.

De todos modos tiene su mérito, así como la estatua de plata de San Ignacio que ocupa el nicho central y que fue repujada en Roma por Francisco de Vergara.

Y cuando suena el gran órgano "Cavaillé-Coll", en días de solemnidades, se puede apreciar su estilo romántico en todos sus registros.

En el ala derecha del santuario –la izquierda, colocándose enfrente– está la **casa natal** de San Ignacio. Es una casa torre construida a finales del siglo

XIV, que sufrió muchas vicisitudes y guerras... perdidas. De ahí que su estilo refleje el castigo del rey Enrique IV: la parte superior fue desmochada en el año 1457 y reconstruida en estilo mudéjar, de ladrillo y sin forma de fortaleza.

Portada de la universidad de Oñati.

En la ***planta baja*** se pueden apreciar las troneras, abiertas en los casi 2 m de espesor de los muros y emplazado en una de ellas el único pequeño cañón que queda de los que defendían la casa-torre. En el segundo piso nació en 1491 Íñigo López de Loyola, el más pequeño de los trece hermanos.

Pero la planta más visitada es la tercera, que estaba destinada a los hijos de la familia y a los huéspedes. En la habitación que da al ángulo norte fue instalado Íñigo cuando llegó gravemente herido de Pamplona, en donde había intervenido con las tropas castellanas en la defensa de la fortaleza, contra el intento de Enrique II de Albret por recuperar su reino navarro. Una fecha para la historia: 20 de mayo de 1521.

En esta planta, en esta casa, sucedió algo que iba a repercutir hasta en el Paraguay, con las fundaciones jesuíticas. Un "hombre nuevo" volvió a nacer aquí, un soldado de armas decidía dejar de serlo para convertirse en un soldado de Cristo. Aquí convaleció y sanó, mientras leía libros de santos. El destino muchas veces queda en manos de los libros. Un personaje de ficción leyó libros de caballería y su razón desvarió. Era Don Quijote.

Aquí, otro de carne y hueso leyó los libros piadosos que le proporcionaba su cuñada –que fue como una madre para el futuro santo, ya que la verdadera murió muy joven– y crearon un soñador, pero con los pies en la tierra. Aquí se forjó el ideal sublime "a la mayor gloria de Dios".

Lo primero que hizo Ignacio, tras restañar sus heridas, fue dirigirse a

Universidad de Oñati

Arantzazu, que es lo que vamos a hacer nosotros a continuación. Pero, antes, está **Zumarraga,** y en su barrio del Antiguo, situado en un desvío de la carretera de Azkoitia, el ya citado **santuario de Andra Mari.** Se trata de una construcción del siglo XII de planta rectangular, situada en un alto con magníficas vistas, con portada ojivada de románico tardío. Su calvario de estilo gótico recuerda mucho los calvarios bretones. En su interior se puede admirar su juego de vigas talladas que sujetan la techumbre.

La carretera que lleva a Arantzazu arranca en **Oñati,** una de las villas de mayor señorío de Gipuzkoa y que mejor ha sabido conservar su patrimonio artístico, desde su **iglesia** parroquial **de San Miguel** hasta la **Universidad,** la primera y única que funcionó en el País Vasco durante siglos, fundada en el año 1548 y clausurada definitivamente, tras muchas vicisitudes, en 1902. Su fachada de estilo plateresco es espléndida, con sus dos torres laterales.

Y, tras la visita, lo que espera es la carretera ascendente camino del **santuario** mariano **de Arantzazu,** a 9 km de distancia y 750 m sobre el nivel del mar.

Desde 1469 se constituyó en centro de peregrinaciones, tras la manifestación de la Virgen. Por estos agrestes paisajes pasó San Ignacio en peregrinación y quizás en un cruce de caminos, el que conduce al **barrio de Araotz,** pudieron verse, cruzarse sus miradas y saludarse dos vascos universales y distintos diametralmente: San Ignacio y Lope de Aguirre, al que llaman "el traidor". Porque Lope nació y vivió en Araotz y tendría unos 11 años cuando San Ignacio, recuperado de sus heridas, se encaminaba al santuario, con 31 años intensamente vividos.

Interior de la basílica de Arantzazu.

En Araotz hay dos caseríos: **Agerre,** con un busto del general Elorza, que nació aquí y terminaría renovando la artillería española el siglo pasado, y **Lopeno,** con su escudo de armas. ¿Nació Lope de Aguirre en uno de ellos? Nadie lo sabe a ciencia cierta. Cuando los vecinos de Oñati rene-

Santuario de Arantzazu.

gaban de Lope, se sintieron muy cómodos con esta teoría de algún historiador imaginativo.

Quizás Lope de Aguirre –como San Ignacio–, antes de irse a las Américas con su hija en busca de Eldorado y la muerte, oiría hablar de lo que le aconteció a un paisano suyo, 60 años antes. Se llamaba Rodrigo de Balzategui, se dedicaba a guardar ganado y vivía en otro barrio de Oñati, Uribarri. Ocurrió en 1469, "uno más o menos", cuenta el cronista Garibay, cuando por las faldas del Aloña, entre los espinos –estos mismos espinos que vemos ahora– encontró una imagen de una Virgen de pequeñas proporciones, una Virgen María con la figura de su hijo en los brazos y una campana a manera de gran cencerro al lado... Recogió la imagen y nadie sabe a ciencia cierta si dijo algo. Algunos historiadores aseguran que exclamó *¿arantza zu?*, es decir, "¿tú, en el espino?".

La interpretación, entre ingenua, piadosa y poética, tuvo gran acogida, aunque, quizás, la prosa de la vida nos haga pensar que pudo ser que el muchacho, al regreso, afirmara lacónicamente que la había encontrado entre espinos. Como Arantza hay por lo menos registrados otros dos lugares en Euskadi, significando "lugar de espinos".

Dejemos claro lo que ocurrió: a Rodrigo no se le apareció la Virgen, cosa que unos años antes se decía le había ocurrido a una muchacha, María de Datuxtegui o Latuxtegui, de un caserío vecino. Rodrigo encontró una Virgen. Pesaba 9 kg y era menuda. Solamente 36 cm de altura, tallada en piedra, una piedra que nadie ha sabido dar razón de su proveniencia. Es única, las restantes imágenes están talladas en madera. De perfil gótico, diseño simple, sonriente, boca abierta, con un globo sostenido por su mano derecha y con la izquierda teniendo al Niño, no muy agraciado y desproporcionado. ¿Quién la depositó entre espinos blancos? ¿El destino, la providencia, el azar, algún ladrón fugitivo que arrastraba el producto de un saqueo y huía entre montañas? ¿Algún bienintencionado de personalidad maquiavélica?

Santuario de Loiola.

Santuario de Loiola.

El dilema pone a prueba al creyente. Hacía falta un milagro en Euskadi y todos aceptaron el milagro. Porque Euskadi se desangraba en luchas intestinas y civiles... Oñacinos y gamboinos se mataban entre sí y el rey, Enrique IV, no sabía, no podía –¿o no quería?– detener aquel caos fratricida. Y aquella Virgen, bien hallada, empezó a fomentar la paz, la tregua y la concordia.

Atraído por su fama y los milagros, San Ignacio sube a la **iglesia de Arantzazu** y escribe más tarde a Francisco de Borja: "Me acuerdo haber recibido algún provecho en mi ánima velando en el cuerpo de aquella iglesia de noche".

Dicen que en Arantzazu, aquella noche, Ignacio de Loyola formuló su voto de castidad probablemente con el fin de no caer en otra "travesura de juventud" que, al decir de algunos, historiadores lo convirtió en padre de una hija natural, llamada María de Loyola.

El hecho cierto es que, de aquí, partió para Manresa y su cueva, no sin antes cobrar lo que le debían por sus prestaciones militares en Pamplona. Ignacio era muy pragmático...

Pero aquel Arantzazu que conoció Ignacio se quemó en 1553, hecho que pilló al santo en Roma, y se le interesó para que recabara del Santo Padre un jubileo para facilitar fondos para su reconstrucción.

En el año 1610, Felipe III pide ayuda a los franciscanos, desde Lerma, porque en Zugarramurdi los aquelarres causan estragos. Tres hermanos acuden a la zona de siniestro espiritual y llevan a cabo una brillante actuación, "refrendada –según testifica el inquisidor Alonso de Becerra– por la milagrosa presencia de la Andra Mari de Arantzazu, que fue vista por los iniciados en la brujería. Los recalcitrantes fueron conducidos al santuario, donde terminaron convirtiéndose...". En 1621 volvía a surgir la nueva capilla y, un año después, el fuego lo arrasaba todo.

La imagen es colocada en el cercano Humilladero, paso obligado para los peregrinos del antiguo sendero y que todavía se conserva. De nuevo se reconstruye la basílica, pero el 18 de agosto de 1834, un tercer incendio, esta vez provocado, reduce todo a cenizas durante la guerra carlista.

Resulta, por lo tanto, lógico, con tanto incendio, que en Arantzazu no haya reliquias, ni libros, ni retablos, ni pinturas, ni esculturas ni, sobre todo, archivo.

De Antzuola era Anselmo de Iñurrigarro, vasco por lo tanto, que enviado por el general Rodil, liberal, cumplió las ordenes recibidas: incendiar el santuario y el convento y llevar presos a los 70 miembros de la comunidad...

La imagen de la Virgen es trasladada a Oñati e instalada en la iglesia del monasterio de Bidaurreta. Cuando en octubre de 1846, tras los oportunos permisos y cambios en la situación política, se dan por finalizadas las obras de la nueva basílica, 10.000 personas acompañan a la imagen desde Oñati a Arantzazu.

Aquí subió Cánovas del Castillo, interrumpiendo su tradicional estancia en el balneario de Santa Águeda, en Mondragón, a requerimiento de los hermanos franciscanos, que rompiendo la normativa impuesta se vistieron con sus hábitos para recibirlo y pedirle que les ayudara, ya que en 1834 habían sido secularizados. Cánovas les ayudó. Más tarde, un anarquista italiano, Angiolillo, le pegaría un tiro en el mismo balneario, convertido luego en manicomio. Quizás el estampido resonó por estos valles y desfiladeros.

El turista y peregrino que llega de nuevas a este lugar acepta todo lo que ve como muy natural. Pero aquí, hace 37 años, se inició la primera batalla de la modernidad sacra española. Todo empezó en abril de 1950. El padre Pablo de Lete, ministro provincial de los franciscanos en aquel tiempo, escribe una circular dirigida al pueblo reclamando una ayuda para construir una basílica amplia, luminosa y cómoda, y que sea al mismo tiempo una obra de arte. Se convoca un concurso para todo el Estado español –gobernaba a la sazón, como jefe del mismo, Franco– y se presentan catorce proyectos.

Santuario de Loiola.

Santuario de Loiola.

Se premia el anteproyecto de Francisco Sainz de Oiza y Luis Laorga, del Colegio de Arquitectos de Madrid. Se coloca la primera piedra de la cuarta basílica. Y cuando el proyecto se conoce, una nueva guerra civil, sin muertos ni heridos, estalla entre los fieles.

Aquello era demasiado para los tiempos que corrían, aunque algunos –con razón– afirmaran que no corrían, que estaban inmóviles y estancados.

El obispo de San Sebastián pide opinión a Roma. Roma contesta negativamente y así en la inauguración oficial de la basílica, el 30 de agosto de 1955, se ofrece la increíble visión de un ábside totalmente desnudo, sin esculturas ni pinturas, al igual que en el frontispicio...

La prohibición romana había dejado cesantes a Pascual Lara, Jorge de Oteiza, Eduardo Chillida, Fray Javier María de Eulate y Néstor Basterrechea. Durante la prohibición muere Pascual Lara.

El 2 de junio de 1962, se convoca un nuevo concurso. Lo gana un madrileño, Lucio Muñoz. En cinco meses, con dos colaboradores, el escultor Julio López y el pintor Joaquín Ramo –junto con un equipo de carpinteros– llevan a cabo la realización de su proyecto en el ábside, que alguien definió como la "Capilla Sixtina del siglo XX": emplazados en medio de la nave, con la luz del atardecer filtrada a través de unas vidrieras (obra del franciscano Álvarez de Eulate) que proyectan una tenue luz azulada, los creyentes sentirán una honda emoción religiosa. Los no creyentes, una imborrable sensación estética, entrañable... Si dentro está el retablo de Lucio Muñoz, fuera, entre las dos torres de piedra de puntas de diamante, como si fueran espinos blancos, el impresionante frontispicio, con las obras de un gran escultor vasco, oriotarra por más señas, Jorge de Oteiza. Gracias a su voluntad férrea, inasequible al desaliento, se pudo terminar esto. Quince años tuvo que esperar para poder colocar sus catorce apóstoles en el lugar indicado. Eran doce, sí, pero Matías también fue apóstol cuando murió Judas y a Saulo de Tarso le llamaban "el apóstol". De todos modos, cada cual puede imaginar lo que quiera del sentido de las figuras, según el propio Oteiza.

Lo mismo ocurre con la sobrecogedora Madre Dolorosa en el momento cumbre del despojamiento de su Hijo. El 23 de junio de 1973, en Roma, Pablo VI inauguraba el Museo Vaticano de Arte Moderno y su vista pudo recrearse con la maqueta del ábside, de Lucio Muñoz, un grupo de dos esculturas, de las 14 de Oteiza; la cabeza de uno de los apóstoles y el grupo de la Piedad que domina la fachada. Roma se excusaba. ◆

INFORMACIONES PRÁCTICAS

Gastronomía

La cocina guipuzcoana vive, desde la década de los setenta, momentos de especial riqueza y esplendor; esto es, desde que un grupo de cocineros de San Sebastián y su entorno se reunieron y sintonizaron para sentar las bases del movimiento que definiría la "nueva cocina vasca". Este movimiento, profundamente vanguardista y renovador, nace precisamente en una tierra cuya cocina estuvo siempre sometida al peso de las tradiciones y marcada por las pautas de la sobriedad y la sencillez más meridianas.

Se puede decir que en los barcos de pescadores y en los caseríos está el germen de la cocina guipuzcoana, que se concreta en el arte de hacer mucho con muy poco. Guisos de pescados, la mayoría azules, fortalecidos primero con pan y luego con patatas; maestría en el tratamiento del bacalao; guisos y potajes nacidos de los productos de la tierra, y la utilización de los recursos naturales: caza, frutos silvestres, setas, etc., son algunas de las coordenadas de la gastronomía regional.

Hay en los guipuzcoanos, como sucede en todo el País Vasco, un innato amor hacia la cocina. Se sienten atraídos por ella y en torno a ella desarrollan gran parte de su actividad.

La cercanía de Francia ejerce un notable peso específico en la gran urbe donostiarra. Y es, precisamente, en plena belle époque cuando se crea en San Sebastián la Academia de Cocina. Se inaugura, en 1901, en los sótanos de la Academia de Bellas Artes y, bajo la dirección del afrancesado cocinero Felix Ibarguren, "Sishito", divulga, entre las cocineras donostiarras, la gran cocina clásica de la época, sin olvidar la cocina vasca más auténtica.

Éste sería el germen del refinamiento de la cocina donostiarra, ayudado por la llegada desde Francia de muchas materias primas prácticamente olvidadas.

Coincide este movimiento enriquecedor con el asentamiento de las sociedades gastronómicas, nacidas unos años antes en San Sebastián. Formadas por cocineros aficionados que se reúnen a cocinar para sus amigos, ejercen un efecto multiplicador sobre la cocina de la tierra, difundiendo docenas de alternativas para cada receta.

Su desarrollo es imparable. Solamente en San Sebastián existen hoy más de 100 sociedades gastronómicas y unas interminables listas de espera para formar parte de ellas. En una localidad como Eibar hay 87.

PESCADO

Desde hace unas décadas los amantes del pescado localizan en los puertos pesqueros vascos uno de sus paraísos más añorados. La abundancia de especies se une a la delicadeza, la sensibilidad y el refinamiento con que son tratadas en recetas que a menudo bus-

can la suavidad de los sabores, aportada por la propia gelatina del pescado, o que juegan con el estímulo de ácidos y picantes (el vinagre y la guindilla son habituales en muchas fórmulas, sobre todo en las empleadas después del asado a la parrilla). Todas tienen un objetivo común: resaltar el sabor y los aromas propios de cada especie.

Centollo.

El litoral rocoso abunda en especies, entre las que destaca el cabracho, feísimo pez rojizo cuya carne está erizada de espinas y que fue utilizado en uno de los platos estrella de la nueva cocina vasca: el pastel de cabrarroca, que aporta todo su sabor a las numerosas sopas de pescado, que se preparan en la costa guipuzcoana.

En las rocas del litoral también se captura con abundancia el congrio. Una de las recetas más tradicionales reúne su carne con los guisantes de las huertas costeras de Hondarribia, Zarautz e Igeldo.

Al revisar el elenco de estrellas del mar es obligado empezar por la merluza, muy abundante durante todo el año en el Cantábrico. Su carne es tersa y jugosa.

No desprecian freírla después de rebozarla en harina y huevo, pero la gran receta es la que acompaña a la merluza de una suave y ligerísima salsa verde. Algunos la enriquecen con almejas, *kokotxas* e, incluso, angulas. Las recetas más antiguas incorporaban otros ingredientes de apoyo, como algunos guisantes, unas rodajas de huevo cocido o unas puntas de espárrago.

Precisamente hay que agradecer a los donostiarras el descubrimiento de la *kokotxa* de merluza como ingrediente gastronómico de lujo. Fue a principios de siglo cuando cayeron en la cuenta de la finura y gelatinosidad de esta pequeña pieza de carne, situada en la garganta de la merluza. Las *kokotxas* también se preparan en salsa verde, rebozadas y fritas o a la plancha.

Hace alrededor de una veintena de años surgió en los asadores de Getaria una nueva alternativa para la merluza: el cogote asado a la parrilla. El cogote comprende la cabeza del animal y el principio del tronco y se ha desvelado, tras un buen asado, como una de las piezas más sabrosas de este pescado.

Con el frío, entre noviembre y febrero, llegan los mejores besugos a estas costas. Son gordos y grasientos y sus carnes resultan aromáticas y tremen-

Chicharros y salmonetes.

damente sabrosas. La sabiduría popular los asocia al santoral, vinculando el inicio de su temporada a la celebración de Santa Catalina, mientras que el final coincidiría con San Blas.

Lo habitual es que sean asados enteros, simplemente lavados y sin entrañas pero sin ningún tipo de cortes, en una parrilla que tiene la forma y el nombre del pescado: la besuguera. Una vez asados, se abren para retirar la espina y rociarlos con un refrito de aceite, ajos y guindilla apagado con un chorro de vinagre.

No hay que olvidar al rodaballo cuando se habla de las especies marinas más habituales en la cocina guipuzcoana. Sus grandes tajadas, simplemente hechas a la plancha o a la parrilla, concentran la profundidad del sabor del mar y expresan, en torno a sus espinas, la más delicada gelatinosidad que se puede esperar en un pescado.

Entre los mariscos hay que destacar el centollo y los percebes, y entre estos últimos son famosos los de Hondarribia. Era habitual comerlos el Viernes Santo.

El centollo sirvió para que los donostiarras alumbraran a principios de este siglo una receta que se haría famosa: el *txangurro.* Una vez cocido el centollo, se desmenuza su carne y se mezcla con vino oloroso de Jerez, sobre todo palo cortado, o coñac, y algunos otros aderezos como cebolla rehogada. Finalmente, se cubre de pan rallado y se hornea hasta que éste forma una costra.

Y del mar al río, y más concretamente al Bidasoa y su afluente, el Ezkurra. Son los dos únicos cauces fluviales del País Vasco en los que aún aparece el salmón, aunque las capturas se pueden contar con los dedos de una mano. La contaminación ha alejado a los salmones del resto de los cauces fluviales del País Vasco. Las capturas, si se producen, tienen lugar en primavera.

Tres tipos de pescados azules protagonizan las pescas costeras más abundantes del año. Se trata de la *anchoa,* nombre con el que se conoce a los boquerones en el País Vasco, el chicharro y el bonito, en realidad atún blanco.

Las carnes del chicharro crepitan bajo el calor de las ascuas de las parrillas de los puertos pesqueros. Las *anchoas* se fríen, se guisan de forma parecida a las angulas, con ajo, aceite y guindilla, o se preparan en tortilla. El bonito entra a formar parte de las ollas de sabores marineros con el *marmitako,* nacido como guiso de pescadores, en el que este pescado se combina con patata o con pan y con cebolla o con un sofrito de tomate y pimiento. Su ventresca acompaña a los chicharros en las parrillas.

Dos especies minúsculas singularizan la cocina del pescado en esta tierra: los chipirones y las angulas. En realidad, se trata de las crías de dos especies mayores, el calamar y la anguila. El chipirón es, además, el eje del que parte una de las salsas legendarias de la cocina vasca, la salsa negra, teñida con la bolsa de tinta que porta el animal para ocultarse de sus agresores. Difícil de capturar y de precios muy elevados, la temporada del chipirón se concreta en los meses de verano.

Las angulas, por el contrario, llegan cuando arrecia el frío, entre finales de noviembre y primeros de marzo. Arriban a las desembocaduras de los ríos desde los desovaderos del mar de los Sargazos. Apenas miden 3 ó 4 cm de longitud y aún no ha comenzado en ellas el proceso de formación de la estructura ósea. Se capturan de noche, en los ribazos de los ríos, utilizando un farol, que las atrae, y un cedazo con el que se filtra el

agua. El mismo pescador las mata antes de cocerlas, bañándolas en agua en la que primero se ha hervido tabaco. Su cotización es astronómica. La fórmula clásica para prepararlas es en una leve fritura de aceite de oliva, ajo y guindilla, aunque hoy son muchos los que las prefieren en ensalada.

Son famosas las angulas de Aginaga. En esta localidad se encuentra actualmente la principal empresa comercializadora de esta especie.

En medio de este ubérrimo panorama de pescados frescos y de altísima calidad sería imperdonable olvidar las salazones de bacalao, de las que salen algunos de los platos más emblemáticos de la cocina tradicional vasca.

Se asegura que fueron los pescadores vascos quienes trajeron de los mares del norte las primeras hojas de bacalao salado. Desde entonces, este pescado, semifosilizado por la salmuera y secado al aire, es, por raro que parezca en una

Los Chipis de la señora Pepita

Sin desmerecer a los grandes maestros de la cocina que nos ocupa, existe entre los vascos una singularidad, y es que en estas tierras todos son maestros. Parece que lo llevaran en la sangre y, aquí, comer en casa es lo que en muchas otras partes significa darse un gusto y salir a cenar a un buen restaurante; aquí, comerse unos simples huevos fritos tiene otro carácter. Mucho tienen que ver en esto las materias primas con que se llenan todas las despensas: los productos del caserío y de la huerta (la lechuga tan fresca, los descomunales tomates de temporada, que de tan grandes parecen transgénicos), y por supuesto los pescados. Y otro tanto viene de la cultura culinaria, tan enraizada en las gentes y en las casas. Pero hablemos de los pescados, concretamente de los chipirones y de una receta típicamente donostiarra: los chipis rellenos y en su tinta. La receta es de la señora Pepita, que con sus chipis ha logrado, en muchas ocasiones, hacer ronronear sin decoro ni vergüenza a la mesa de comensales. La clave está en la salsa, espesa, sabrosa y que liga perfectamente los sabores del mar con los de la tierra.

Ingredientes: *1 kg de chipirones, 2 ó 3 bolsas de tinta de chipirón, 1 cebolleta, 2 cebollas, 1 cucharadita de pan rayado y sal.*

Preparación: *Se limpian bien los chipirones. Con unas tijeras se quitan ojos, boca y tripas y se apartan las barbas y las aletas; éstas últimas constituirán lo que es el relleno de los chipirones. En una sartén se fríe la cebolleta. Cuando está hecha, se le añade el relleno, a buen fuego, la sal, cuando empieza a soltar agua, y el pan rayado. Cuando el agua casi se ha evaporado, se retira del fuego y se deja enfriar. Una vez frío, se mete una de barbas y una de aletas dentro del cuerpo del chipirón. En la misma sartén, y sin tirar el agua que haya quedado, se pone un poco más de aceite y se echa la cebolla cortada en trozos grandes y, en dos minutos, los chipirones rellenos. Se deja cocer a fuego medio-alto y cuando la cebolla esté blanda, se apartan los chipirones. A la cebolla, que sigue en el fuego, se le añade la cuarta parte de 1 lata de tomate triturado natural y sal. Se pone la tinta del propio calamar en un colador y se sumerge en la salsa hasta que salga toda. A los 10 m se le echan las 2 ó 3 bolsas de tinta. Cuando la tinta esté bien ligada, se va echando la salsa en un colado chino sobre la cazuela con los chipis. A los 3 ó 4 minutos, una vez que empieza a hervir, se apaga el fuego y se tapa la cazuela. Los chipirones están listos y se pueden acompañar con arroz blanco.*

zona de gran riqueza piscícola, uno de los símbolos de la cocina de la tierra.

Los guipuzcoanos perdieron la tradicional batalla del bacalao frente a sus vecinos vizcaínos. El bacalao a la vizcaína, al club ranero y al pil pil llegaron a los alrededores de San Sebastián desde las cocinas de esta otra provincia.

No se han arredrado los guipuzcoanos y han utilizado algunas fórmulas para engrosar el recetario tradicional guipuzcoano, como la tortilla de bacalao o la *zurrukutuna*, un guiso espeso en el que el bacalao, desmigado, se liga como si fuera un pil pil para cocer, añadiéndole después la pulpa de pimientos choriceros. La *zurrukutuna* se asemeja al *marmitako* por su ambivalencia: puede hacerse con patatas o con trozos de pan tostado. En algunos casos se le incorporan huevos escalfados.

LA HUERTA

En la huerta guipuzcoana está la base de una parte muy importante del recetario más tradicional, marcado por la sencillez de las elaboraciones. La *porrusalda* puede ser uno de sus emblemas. En Gipuzkoa será una sopa de puerro y patatas, frente a las versiones vizcaínas, que incorporan bacalao y zanahoria, o las del sur de Francia, donde se le añade panceta de cerdo y grasa de oca.

El producto estrella de la huerta guipuzcoana es, sin duda, las judías secas. Entre ellas hay que destacar las pochas, judías recién formadas, aún tiernas y jugosas, que llegan al mercado en verano y se guisan con tomate y pimiento verde, y las alubias de Tolosa, que se caracterizan por su grano de color rojo muy oscuro, ligeramente elíptico, lleno y de tamaño mediano, y que suelen formar parte esencial de suculentos potajes; se suelen servir con berza, cocida aparte, y chacina de cerdo, de caldo espeso y sabor muy agradable, u otras alternativas, como la sopa de alubias, plato de caserío, que convierte en puré las sobras del potaje, lo aligera con el caldo de la cocción y vuelve a espesarlo con unas rebanadas de pan.

Desgraciadamente, la producción de la alubia de Tolosa es muy corta, no sobrepasando las 250 toneladas.

La dureza del clima desaparece en las zonas costeras, donde florecen las mejores huertas de la provincia. En Hondarribia, Igeldo, Zarautz... aparecen suculentos tomates, delicadísimos guisantes, habas y lechugas de magnífica calidad, aunque difíciles de encontrar.

Los guipuzcoanos han sabido aprovechar lo que les rodea. Y si sus huertas no son abundantes, muy cerca están las de Navarra, de donde obtienen alcachofas, espárragos, cardos

Productos del caserío.

y, sobre todo, pimientos del piquillo, de cuya fama y prestigio son los principales responsables.

Un lodosano, Julián Rivas, los trajo hasta Tolosa, donde puso en marcha un asador que se haría famoso por sus carnes rojas y el magistral tratamiento que daba a los pimientos del piquillo.

A partir de ahí, y con el aire renovador aportado por la nueva cocina vasca, el pimiento del piquillo queda consagrado. Se acaba con los rellenos tradicionales de bacalao y carne y se sustituyen primero por la merluza y después por todo lo que pueda moverse en el mar o en el monte.

La necesidad, el amor por la naturaleza, el carácter rural de esta sociedad, su especial inclinación por los placeres de la mesa... puede ser el factor responsable de la intensidad con que aprovechan los guipuzcoanos los recursos que les ofrece el monte, empezando por las setas. Micófagos impenitentes, los guipuzcoanos no permiten que una sola seta comestible escape a las manos del cocinero. Sus predilecciones se inclinan, sobre todo, por el boleto, aquí llamado *hongo* u *hongo negro*, o *beltza;* la *gibelurdiña*, nombre de la *russula;* o los primaverales *perrechicos,* cuyo epicentro está en la vecina Vizcaya, pero que se encuentran también en los bosques guipuzcoanos.

En el campo y en las huertas capturan también los abundantísimos caracoles, cuyo consumo parece que fue introducido en esta tierra por los gascones, llegando a ser plato característico de Nochebuena en muchos pueblos costeros.

CARNES

Se siente en esta tierra una particular predilección por la caza menor, a pesar de que las capturas disminuyen constantemente. Sus preferencias empiezan por la becada, también llamada sorda, y continúan con la paloma torcaz, especialmente por las capturadas al paso por los desfiladeros pirenaicos cercanos a Etxalar; el hortolan, el pichón, la perdiz o la codorniz.

Al hablar de las carnes, la auténtica estrella es el chuletón de vacuno. Y no deja de ser una contradicción en una zona en la que nunca existió una industria ganadera dedicada a la producción cárnica. Los animales, vacas o bueyes, nunca terneras, sólo llegaban al matadero cuando habían cumplido sus funciones en el caserío. Durante siglos, la carne –incluida la de buey– se importó de Castilla y Francia. Hoy sigue llegando, mayoritariamente, de otras zonas.

La chuleta de carne roja ocupa, sin embargo, un lugar de privilegio entre las preferencias gastronómicas de la tierra. En ella se concreta la maestría en el quehacer de los asadores, que proliferan por tierras guipuzcoanas.

En una estructura ganadera minifundista, que ha impedido el sacrificio de animales demasiado jóvenes, la carne de ternera llegó a ser una rareza. Lo demuestra el proceso seguido por la fritada de carne de ternera, plato que empieza a renacer después de años de olvido y que durante mucho tiempo fue el bocado ofrecido por los pescadores a sus huéspedes más distinguidos en la comida del 24 de diciembre.

La carne de ovino es mucho más abundante, pero sigue suerte parecida. Da lugar a algunos asados, preparados sobre todo con corderos grandes, de sabor más fuerte que los lechazos o los pascuales castellanos. Normalmente, se preparan acompañados de algunas hortalizas, sobre todo cebollas y ajos, que matizan su sabor.

La casquería ocupa un lugar importante en la cocina tradicional: callos, lengua, manos, morros... se definen en fórmulas extendidas por todos los rincones de esta tierra.
En el Goierri encontramos la *frikatxa*, un peculiar plato preparado con los restos del cordero: sangre, hígado, pulmón, cabeza, patas e intestinos.
El cerdo ocupa un lugar de importancia en la economía cotidiana del caserío. Fue durante siglos la garantía del abastecimiento de carne en los meses invernales. Hoy es el centro de la ceremonia festiva de la matanza, la *txarriboda*, cuyo tiempo se inicia tradicionalmente el día de San Martín, el 11 de noviembre.
El producto más interesante que se obtiene del cerdo en esta tierra son las morcillas. Y especialmente las de puerro o repollo, que se preparan en la zona de Ordizia y que dan lugar a una interesante feria-concurso.
Muy cerca de allí, en Zumarraga, se puede encontrar una peculiar chacina, la *buskantza*, preparada con sangre y grasa de oveja.

POSTRES

La repostería guipuzcoana, a menudo tan escasa como injustamente olvidada, responde plenamente a su realidad geográfica. La fruta, la leche y la mantequilla predominan sobre los elementos característicos de la repostería de secano (aceite, manteca, harina), aunque éstos aparecen en muchas preparaciones. Una vez más, pesa en este sector de la cocina el arte de la explotación de los recursos naturales.
Son evidentes en la *intxarusalsa*, sopa o crema de nueces, que ocupa un lugar destacado en las mesas navideñas.
Gipuzkoa ha sido, y aún hoy lo es aunque con menor intensidad, un próspero centro de la industria chocolatera. Su reflejo florece hoy en la actividad bombonera de los obradores de un buen número de pastelerías.
La dulcería tiene muchos puntos de referencia. Las opillas de San Marcos, al estilo de los hornazos o las monas de pascua de Hondarribia e Irún, las tejas, los cigarrillos y las delicias de Tolosa, los ignacios de Azpeitia, una especie de tartaleta rellena de crema de almendras, la franchineta de Donostia, los rellenos y los tostones de Bergara son algunos de los puntos de referencia.

Tejas de Tolosa.

LOS VINOS

La producción vinícola de Gipuzkoa se concentra exclusivamente en el *txakoli*, un vino singular, producido únicamente en el País Vasco y que alcanza sus más altas cotas de calidad en las localidades de Getaria, Aia y Zarautz, cuyos viñedos están sometidos, desde abril de 1990, al amparo y control de la Denominación de Origen Txakoli de Getaria. Son viñedos que se levantan sobre las laderas que miran al Cantábrico. Los postes de cemento, que ahora soportan los emparrados, sustituyen desde hace unas décadas a los huesos de los cetáceos que los balleneros de la costa guipuzcoana traían hasta las playas.
Son símbolos distintivos de un vino blanco, fresco, joven, chispeante y alegre, un punto ácido y dotado de una notable personalidad. No falta quien los compara con los vinos del Rin pero, en cualquier caso, sus mejores muestras provocan el asombro. Los hay también rosados y tintos, pero su producción es claramente minoritaria.

Mucho antes que el *txakoli*, se producía en estas tierras la sidra. La historia de la cocina guipuzcoana está íntimamente ligada a este caldo. Los manzanos de Astigarraga, Renteria, Oiartzun, Usurbil, Hernani, Tolosa y Legorreta ofrecen todos los años sus manzanas de maduración tardía. Son prensadas y se estimula el proceso de su fermentación. Los mostos espumosos y rojizos se transforman, pasados tres meses, en sidra limpia y refinada.

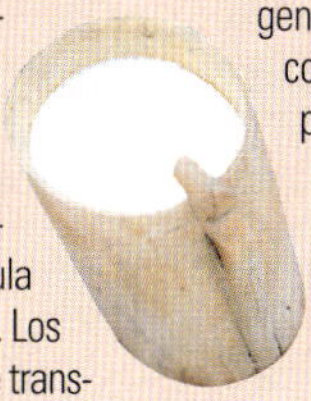

Kaiku.

A partir del 20 de enero y hasta los primeros días de mayo abren sus puertas más de 50 sidrerías en Gipuzkoa. En ellas se desarrolla con fervor la ceremonia de las *probatekas* y las *espitas*. Los gigantescos barricotes de sidra son abiertos, uno a uno, para acompañar con tragos de sidra los platos de la cocina popular: merluza, chipirones y, sobre todo, chuletones a la parrilla y la inigualable tortilla de bacalao. En menos de cuatro meses sus clientes consumen más de nueve millones de litros de sidra.

QUESOS

Hace unos años, el queso guipuzcoano más conocido era el de Idiazabal, un queso de leche de oveja *latxa* cuya producción se extendía a lo largo de la franja montañosa que une Gipuzkoa con Navarra y que a menudo sufría, de cara a la venta, un proceso de ahumado que lo distinguía de los navarros de la misma zona.

Al plantearse una denominación de origen y realizar los estudios científicos previos, se pudo comprobar, por una parte, que todos los quesos de oveja *latxa* que se hacían en la zona y que recibían distintas denominaciones –Urbía, Urbasa, Aralar, Gorbea, Idiazabal...– tenían las mismas características y por lo tanto eran un mismo tipo de queso y, por otra, que el ahumado disfrazaba el sabor genuino que le da la leche de oveja *latxa*.

Así que todos ellos se unificaron bajo una misma denominación de origen: Idiazabal, por ser ésta la población donde se vendía la mayor parte de ellos. Se trata pues de un queso hecho con leche de oveja *latxa*, criada en un mismo clima y con pastos similares y producido con los mismos métodos de elaboración y maduración. Son piezas cilíndricas, de pasta compacta y elástica, de media curación. Su mejor época de consumo se inicia en los primeros días de septiembre, coincidiendo con la feria-concurso que tiene lugar en la localidad guipuzcoana de Ordizia el primer o segundo miércoles de septiembre.

No hay que olvidar la cuajada, llamada también *mamia*, que quiere decir "leche de oveja cuajada". Popularizada y adulterada por los procedimientos industriales, la auténtica cuajada se caracteriza por un ligero gusto a quemado; su origen está en la piedra al rojo vivo que, introducida en el *kaiku* –el recipiente de madera donde se elaboraba– lleno de leche, habrá servido para calentarla antes de cuajarla, utilizando cuajo vegetal.

Quesos de Idiazabal.

LOS MERCADOS

Quienes quieran tener una visión rápida y completa de los productos que abastecen la despensa guipuzcoana tienen una cita obligada en San Sebastián: el mercado de La Bretxa, en el Boulevard, que ahora se encuentra en los bajos del edificio.

Los mercados rurales son muy abundantes en toda la provincia. Algunos tienen periodicidad semanal o mensual mientras que otros, de carácter extraordinario, sólo se celebran una vez al año. Entre todos ellos podemos destacar los siguientes:

El 17 de enero, festividad de San Antón, se celebra en **Getaria** el **Día del Txakoli** y se degusta el vino del año. El primer o el segundo miércoles de septiembre tiene lugar en **Ordizia** el **mercado-concurso del Queso de Idiazabal.** A mediados de noviembre se celebraen **Beasain** un **concurso de morcillas** y la consiguiente degustación de ese producto. También **Orzmaiztegi** celebra el 30 de noviembre otro concurrido **concurso de morcillas** y **Zumarraga,** el **concurso de buskantzas,** o morcillas de oveja, el 13 de diciembre, día de Santa Lucía. El 30 de noviembre hay en **Eibar** un **mercado rural,** seguido de un **concurso de preparación de bacalao** entre cocineros de las sociedades. Otro **concurso de bacalao al pil-pil** tiene lugar en **Soraluce-Placencia de las Armas,** el día de Santa Ana, 26 de julio. Es tradicional en **San Sebastián** la **feria de Santo Tomás,** el 21 de diciembre, que tiene lugar en la plaza de la Constitución y en la que se exponen y venden los productos agrícolas del país. En **Hernani** hay todos los meses una **feria de productos del país.** En **Hondarribia** hay venta diaria de pescado en **la lonja.** Y todos los días, a partir de las cinco de la tarde, se vende directamente el pescado en la calle San Pedro. El **mercado de abastos** de **Irún** es el mejor surtido de caza de la provincia. Y cada sábado tiene lugar una **feria rural** en la plaza de Urdanibia. En **Ordizia,** todos los miércoles se puede asistir a un magnífico **mercado de productos rurales,** uno de los mejores de la provincia, en el que se marcan los precios de los productos de país. En **Tolosa,** el mercado tiene lugar los sábados en la plaza del Tinglado. El mercado de **Zarautz** tiene lugar el segundo sábado de cada mes. En las proximidades del mercado de **Mutriku** hay venta diaria de pescado. Además hay mercado en la plaza todos los viernes. En **Zumarraga,** los sábados hay mercado de productos de la zona.

Restaurantes

DONOSTIA/ SAN SEBASTIÁN

Arzak. Alto de Miracruz, 21.
Telf. 943 27 84 65. **www.arzak.es**
La habilidad de Juan María Arzak y de su hija Elena mantiene su establecimiento en la primera línea de la restauración española. Su cocina combina la tradición con la creatividad, consiguiendo resultados que le proporcionan el favor de una amplia clientela. Precio medio, 90 €.

Akelarre. Pº Padre Orcolaga, 56 (Barrio de Igeldo). Telf. 943 21 20 52. Cocina moderna y avanzada. De ella sale una carta de aires creativos, que nunca desprecia la cocina popular vasca. Precio medio, 84 €.

Casa Nicolasa. Aldamar, 4.
Telf. 943 42 17 62. José Juan Casti-

llo tomó las riendas de este clásico de la cocina donostiarra, modernizando sus instalaciones pero respetando la propuesta culinaria de la casa. Precio medio, 60 €.

Panier Fleuri. Pº de Salamanca, 1. Telf. 943 42 42 05. Tatús Fombellida trasladó su restaurante a principios de los ochenta de Renteria a San Sebastián. Destaca la caza y su espléndida bodega. Precio medio, 51 €.

Rekondo
Pº de Igeldo, 57. Telf. 943 21 29 07.
www.rekondo.com
Tras la fachada de este caserío en la subida al monte Igeldo, se esconde la mejor bodega de restaurante de España. Carnes rojas y pescados se dan la mano con mariscos y, en temporada, platos de caza. Precio medio, 42 €.

Urepel. Pº de Salamanca, 3. Telf. 943 42 40 40. Local clásico y señorial, situado junto a la desembocadura del Urumea, que ha sabido mantener su cocina al día, proponiendo una carta creativa. Precio medio, 36 €.

Kursaal Martín Berasategui
Avda. Zurriola, 1. Telf. 943 00 31 62. Espectaculares comedores en el nuevo referente urbanístico de San Sebastián. Una de las cocinas más creativas del momento con una carta en la que dominan propuestas vanguardistas. Precio medio, 45 €.

Miramon Arbelaitz. Parque Tecnológico de Miramón. Telf. 943 30 82 20.
www.zuberoa.com
Cocina creativa a precios más que razonables con varios tipos de menús y una soberbia propuesta en el de degustación. Precio medio, 45 €. Menús: entre 30 y 60 €.

Juanito Kojua. Puerto, 14.
Telf. 943 42 01 80. Restaurante clásico del casco antiguo con sabor marinero. Especialidad en productos de temporada y pescados de garantizada frescura. Precio medio, 40 €.

Urola. Fermín Calbetón, 20.
Telf. 943 42 34 24. Cocina moderna inspirada en la culinaria vasca más tradicional con buenos pescados y marisco de viveros propios. Precio medio, 36 €.

La Muralla. Embeltran, 3.
Telf. 943 43 35 08.
Cocina de calidad a interesantes precios. Precio medio, 33 €.

Alderdi Zahar. Fermín Calbetón, 9. Telf. 943 42 52 54. Un clásico situado en la parte vieja con una buena cocina tradicional. Precio medio, 27 €.

Beti Jai. Fermín Calbetón, 22.
Telf. 943 42 77 37. La barra del bar y el restaurante comparten un éxito similar. El de este último se mueve en torno a la calidad de las carnes y los pescados, tratados sin demasiadas complicaciones y a precios bastante interesantes. Precio medio, 39 €.

Casa Urbano. 31 de Agosto, 17.
Telf. 943 42 04 34. Ambiente agradable y cocina tradicional con toques de originalidad, en la que destaca una extensa carta de postres caseros. Precio medio a la carta, 30 €.

Lanziego. Triunfo, 3. Telf. 943 46 23 84. Cuidada cocina tradicional vasca con excelente relación calidad/precio. Tiene la ventaja de que sirven menú degustación y medias raciones. Precio medio, 30 €.

Clery. Plaza de la Trinidad.
Telf. 943 42 34 01. Cocina clásica. Su especialidad es el arroz con almejas. Precio medio a la carta, 39 €.

AZPEITIA

Kiruri. Avenida Loiola, 24.
Telf. 943 81 56 08. Cocina tradicional. Instalado frente al santuario de Loiola, ofrece una carta clásica bien resuelta. Precio medio, 36 €.

Juantxo. Avenida Loiola, 3.
Telf. 943 81 43 15. Cocina popular vasca, que se basa en los productos

de temporada y, sobre todo, en la calidad de las verduras, carnes y pescados. Precio medio, 21 €.

BAYONA/ BAYONNE

La Galupe. Urt. Place du Port.
Telf. 59 56 21 84. Impresionante mansión del siglo XVIII donde uno de los maestros de la cocina francesa oficia auténticas obras de arte gastronómicas. Precio medio, 90 €.
Le Cheval Blanc
68, Rue Bourgneuf. Telf. 59 59 01 33. Productos de tierra y mar en platos imaginativos. Precio medio, 55 €.
Au Clair de la Nive. 28, Quai de la Galouperie. Telf. 59 25 59 21. Carta corta con platos de la cocina tradicional actualizados. Precio medio, 40 €.
François Miura. 2, Rue Marengo. Telf. 59 59 49 89. Cocina casera con buenos y asequibles menús. Precio medio, 42 €. Menú del día: 18 €.
Le Chistera. 42, Rue Port Neuf. Telf. 59 59 25 93. Cocina familiar y casera con buenos pescados. Precio medio, 25 €.

BEASAIN

Asador Urkiola
Mayor, 7.
Telf. 943 88 03 19.
Recogido y cuidado asador, dedicado tanto al pescado como a la carne. Precio medio, 36 €.

BIARRITZ

La Villa Eugenie
Ave de L'Impératrice.
Telf. 59 41 64 00. Cocina creativa en el restaurante del lujoso **hotel du Palais**, con magníficas vistas al mar. Precio medio, 120 €.
Café de París
Place Bellevue, 5.
Telf. 59 24 19 53. Magníficas vistas al mar y ambiente elegante. Alta cocina. Precio medio, 55 €.
Campagne et Gourmandise
52 Av. Alan Seeger.
Telf. 59 41 10 11. Cocina refinada en unas estupendas instalaciones en pleno campo. Precio medio, 55 €.
L'Auberge. 22, Rue Harispe.
Telf. 59 41 01 41. Cocina casera, siempre sobre productos de temporada de primera calidad.
Precio medio, 40 €.

BERGARA

Lasa
Zubiaurre, 35.
Telf. 943 76 10 55.
www.restaurantelasa.com
Instalado en el palacio Ozaeta, es ya un clásico que ha superado los 60 años de vida. Koldo Lasa, al frente de la cocina, ha añadido un contrapunto de modernidad y refinamiento a la cocina de siempre. Precio medio, 39 €.

Zumelaga
San Antonio, 5.
Telf. 943 76 20 21. Cocina de calidad en la que predomina el pescado y los mariscos en un ambiente cálido de sabor medieval. Precio medio, 30 €.

DEBA

Salegi. Calzada, 13 (Barrio de Itziar).
Telf. 943 19 90 04. Local cuidado con salas para banquetes y un pequeño comedor para comidas a la carta. Ofrece cocina popular vasca bien resuelta. Precios asequibles.

Urgain. Hondartza, 5. Telf. 943 19 11 01. Productos de temporada de buena calidad. Tiene interesantes postres y extensa carta de vinos. Precio medio, 39 €.

EIBAR

Artola. Plaza Unzaga, 7. Telf. 943 20 63 48. Bonito local, bien cuidado y atendido, que combina la atención a la cocina tradicional vasca con algunas propuestas más innovadoras. Precio medio, 30 €.

GETARIA

Elkano. Herrerieta, 2. Telf. 943 14 00 24. Dominando el puerto de Getaria, reivindica su condición de asador de primera línea. Pescados asados a la parrilla. Precio medio, 51 €.

Kaia-Kaipe. General Arnao, 4. Telf. 943 14 05 00. En la tradición de los establecimientos de Getaria, esta casa concentra la mayoría de sus esfuerzos en los pescados asados a la parrilla pero no desprecia el trabajo en la cocina, siguiendo las pautas más tradicionales. Precio medio, 33 €.

Talai-Pe. Puerto Viejo, s/n. Telf. 943 14 06 13. Ambientado con elementos de desguace de barcos, está especializado en mariscos y pescados a la parrilla. Postres caseros. Precio medio, 48 €.

HERNANI

Fagollaga. Ereñozu Auzoa, 68. Telf. 943 55 00 31. Cocina de calidad, valiente y original. Raciones abundantes y excelentes postres caseros. Precio medio, 36 €.

Iturralde. Ereñozu Auzoa, 50. Telf. 943 33 04 61. Casa rural ambientada al estilo caserío que ofrece una buena cocina clásica y postres estupendos. Precio medio, 27 €.

HONDARRIBIA

Ramón Roteta. Ctra. de Irún, 1 (Villa Ainara). Telf. 943 64 16 93. Este señorial caserón de la parte noble de Hondarribia acoge la excelente técnica culinaria de uno de los mejores cocineros guipuzcoanos. Precio medio, 57 €.

Arraunlari. Paseo Butrón, 3 (Casa Etxe-alai). Telf. 943 64 15 81. Buena cocina, basada en el pescado, con platos sin demasiadas complicaciones y guisos de sabor marinero. Dispone de un comedor en la terraza desde el que se divisa la desembocadura del Bidasoa. Precio medio, 27 €.

Hermandad de Pescadores Zuloaga, 12. Telf. 943 64 27 38. Instalado en el antiguo bar de la cofradía, funciona además como restaurante y basa su oferta en los pescados y mariscos de calidad excepcional que llegan a puerto.

Beko Errota. Barrio Jaizubia. Telf. 943 64 31 94. Instalado en un antiguo molino, con amplios espacios de ocio,

anteriormente era sidrería, pero se ha ido transformando en un restaurante reconocido por su cocina más que correcta. Precio medio, 30 €.

Alameda. Minasodoeta, 1.
Telf. 943 64 27 89. Antiguo bar de comidas, se ha convertido en un restaurante en alza por su acertada mezcla de cocina tradicional e innovadora a la vez. Precio medio, 51 €.

Sebastián. Mayor, 9-11.
Telf. 943 64 01 67. Con comedores en dos plantas bien ambientados, ofrece una interesante cocina vasca entreverada de influencias andaluzas y francesas. Precio medio, 45 €.

IRÚN

Jaizubia. Kaskotegi, 6. Poblado de Urdanibia. Telf. 943 61 80 66. A pesar de sus sólidas raíces vascas, se nota la cercanía de Francia en su cocina, que cada vez se inclina más por el clasicismo. Precio medio, 45 €.

Mertxe. Francisco Gainza, 9.
Telf. 943 62 46 82. En este pequeño chalé podemos encontrar una cocina de vocación vanguardista, repleta de ideas, que se concreta en platos innovadores. Precio medio, 39 €.

LASARTE

Martín Berasategui
Loidi, 4. Telf. 943 36 64 71.
www.martinberasategui.com
Regentado por el gran cocinero vasco Martín Berasategui. Ofrece en las afueras de Lasarte, en plena campiña, una cocina innovadora y atrevida como pocos. Precio medio, 51 €.

MUTRIKU

Jarri-Toki. Ctra. Deba-Mutriku. Telf. 943 60 32 39. En una villa sobre el mar, ofrece una cocina imaginativa en la que destacan los pescados del puerto mutrikotarra y los platos de caza en temporada. Precio medio, 45 €.

OIARTZUN

Zuberoa. Barrio de Iturriotz. Telf. 943 49 12 28. Instalado en un antiquísimo caserío al que se le ha sacado el máximo partido, los hermanos Arbelaitz representan a la nueva generación de cocineros, pero su avance es tan rápido que amenazan todas las primacías. Precio medio, 60 €.

Matteo. Viña Ugaldetxo, 11.
Telf. 943 49 11 94. Hay una peculiar combinación entre el recetario tradicional vasco y la creatividad, cuya base está en los productos de toda la vida. Precio medio, 42 €.

OÑATI

Etxe-Aundi. Torre Auzo, 9.
Telf. 943 78 19 56. Instalado en una hermosa casa solariega, destaca por su esmerado servicio y su notable cocina tradicional. Precio medio, 36 €.

Zelai Zabal. Bº de Arantzazu. Telf. 943 78 13 06. A medio kilómetro antes de llegar al santuario de Arantzazu, en un ambiente campestre de mon-

taña, tranquilo y acogedor. Cocina tradicional con toques novedosos que sorprende por su buena relación precio/calidad. Precio medio, 36 €.

ORIO

Bodegón Joxe Mari. Herriko Emparantza. Telf. 943 83 00 32. Este asador fue uno de los primeros en levantar el estandarte del besugo asado a la parrilla. El ambiente es rústico con mesas corridas y el atractivo de los aromas que llegan desde las parrillas instaladas en la calle. Precio medio, 27 €.

Aitzondo. Ctra. N 634 (Orio-Zarautz), km 13,5. Telf. 943 83 27 00. Ambiente cuidado y agradable en este caserío que ofrece preciosas vistas sobre la ría de Orio. Cocina tradicional y propuestas creativas. Precio medio, 30 €.

RENTERÍA

Mugaritz. Caserío Otzazulueta. Aldura Aldea, 20. Telf. 943 52 24 55. Caserío impresionantemente reformado donde se ofrece una de las cocinas más creativas y arriesgadas del momento. Precio medio, 48 €.

SAN JUAN DE LUZ/ SAINT-JEAN-DE-LUZ

Txalupa. Place Louis XVI.
Telf. 05 59 26 99 82. En la plaza de la localidad, especializado en pescados y mariscos. Precio medio, 55 €.

Pantxua. Puerto de Sokoa.
Telf. 05 59 47 13 73. Destacan las excelentes materias primas en lo referente a pescados y frutos del mar. Precio medio, 45 €.

PASAIA

Izkiña. Avda. de Euskadi, 19 (Trintxerpe). Telf. 943 39 90 43. Pescados y mariscos, frescos y de primera calidad. Precio medio, 27 €.

Casa Camara. San Juan, 79 (en Pasai Donibane). Telf. 943 52 36 99. Tradicional restaurante a orillas del puerto con vivero de mariscos presidiendo el comedor. Precio medio, 24 €.

TOLOSA

Sausta
Belate Pasalekua, 7 y 8.
Telf. 943 65 54 53. Notable cocina con platos originales y buena carta de vinos. Precio medio, 27 €.

Hernialde
Martín José Iraola, 10.
Telf. 943 67 56 54. Carta no muy extensa, pero bien seleccionada y de calidad, sugerida por el dueño.
Precio medio, 27 €.

Asador Julián. Santa Clara, 6.
Telf. 943 67 14 17. Ocupa un viejo garaje, al que se llega por un callejón. Matías Gorrochategui hace gala de sus dotes de maestro asador, concentrando toda su atención en la carne roja. Con ella, unos inolvidables pimientos del piquillo. Precio medio, 36 €.

Frontón. San Francisco Ibiltokia, 4.
Telf. 943 65 29 41. Decoración art déco en los comedores, donde se pueden degustar platos tradicionales de la cocina vasca modernizados a buen precio. Precio medio, 35 €.

VILLABONA

Arantzabi
Caserío Arantzabi (Barrio Amasa).
Telf. 943 69 12 55.
Continúa fiel a la tradición tanto en el aspecto arquitectónico y decorativo como en su cocina tradicional elaborada con excelentes productos de temporada.
Precio medio, 24 €.

ZARAUTZ

Karlos Arguiñano
Mendilauta, 13. Telf. 943 13 00 00.
www.karlosnet.com
La cocina de Arguiñano se distingue por la serenidad que transpira. Com-

binación entre tradiciones e imaginación. Precio medio, 51 €.

Aiten-Etxe. Elkano, 3.
Telf. 943 83 18 25. Buena elaboración y presentación. Destacan los productos a la plancha y a la parrilla, los postres y la bodega. Precio medio, 39 €.

Otzarreta. Santa Clara, 5.
Telf. 943 13 40 95.
www.restauranteotzarreta.com
Restaurante especializado en mariscos con vivero propio, aunque no desdeña otros platos, con materias primas de primera calidad. Precio medio, 42 €.

ZESTOA

Asador Bedua. Ctra. Zumaia- Meagas. Telf. 943 86 05 51. Caserío a orillas del río Uroala; ofrece una cocina popular de temporada.

ZUMAIA

Basusta. Patxita Etxezarreta, 25.
Telf. 943 86 20 73. Excelente restaurante con pescados de gran calidad a la parrilla. Precio medio, 25 €.

ZUMARRAGA

Etxe-Berri. Ctra. Zumarraga-Azpeitia, km 1. Telf. 943 72 12 11. Ofrece una cocina eminentemente vasca y la caza está entre sus mayores méritos.

Calendario de fiestas

ENERO

Fiestas patronales de San Sebastián. Las fiestas empiezan la noche anterior al día 20, a las 12 h, con la *tamborrada* en la plaza de la Constitución, donde se iza la bandera de la ciudad mientras los tamborreros de la Sociedad Gaztelubide interpretan la marcha de San Sebastián. Durante las 24 horas siguientes numerosas tamborradas recorren las calles de la ciudad. En la mañana del día 20 desfilan por las calles los niños de la *tamborrada infantil.* La jornada finaliza a las 12 de la noche con la arriada de la bandera.

FEBRERO

Carnavales. En San Sebastián el carnaval empieza el primer sábado de febrero, con la salida de la comparsa de Caldereros, que representa la llegada a la ciudad de los gitanos procedentes de Hungría. La gente, disfrazada de zíngara, recorre las calles, cantando y acompañándose con golpes de sartén. Al día siguiente, les toca el turno a las comparsas de *Iñudes* y *Artzaias* (nodrizas y pastores). Desde el viernes anterior hasta el Miércoles de Ceniza, la ciudad de San Sebastián se desborda de animación, con la llegada del dios Momo, que es recibido con charangas, comparsas, carrozas, bailes y danzas populares en las que participan miles de donostiarras.

Danzas de carnaval rural. En Amezketa y Abaltzisketa bailan la *danza de los txantxos* (disfrazados, enmascarados). Los jóvenes de estos dos pueblos se reúnen muy de mañana y comienzan un largo recorrido por todos los caseríos de la zona, que en el caso de Amezketa dura dos días. En cada caserío bailan una sencilla

danza de palos, *Makil-Dantza*. La cuadrilla se compone de un acordeonista, ocho *txantxos*, un *zesterue* (el que recoge los aguinaldos) y un jefe o *mozorro*, que completa el grupo.

En **Aretxabaleta,** una cuadrilla de encamisados, con la cara tiznada, recorre la calle principal cantando y bailando al son de una machacona tonadilla, la *Txino-Dantza*, de carácter mímico que, a veces, llega a ser obscena.

En la localidad de **Lasarte** se baila una variante de la anterior danza, la *Sorgin-Dantza de Oria* (danza de brujas). Consta de dos filas de hombres, en una de las cuales van disfrazados de mujeres, produciendo situaciones cómicas y equívocas, con abrazos, insinuaciones, besos, etc.

MAYO-JUNIO

Corpus Christi. En la localidad de **Oñati,** con motivo de esta fiesta, una procesión recorre las calles del pueblo y se bailan preciosas danzas, que asombran por su vistosidad. Ocho o doce *dantzaris,* dirigidos por un capitán, evolucionan sin cesar, adelantándose y retrasándose en el recorrido procesional. Van vestidos con traje blanco, faldilla roja y unas castañuelas. Estas danzas tienen más de cuatrocientos años de antigüedad pues datan del siglo XVI.

JUNIO

Fiestas de San Juan. En la localidad de **Eibar,** el día 23 de junio al mediodía comienzan oficialmente las fiestas de San Juan con el lanzamiento de cohetes y bombas, precedidos por un pasacalles de la banda de *txistularis,* que interpreta el *Zortziko de San Juan;* por la noche, la *tamborrada* recorre la ciudad. El día 24 de junio hay una gran verbena, seguida de *sokamuturra* (toro ensogado), encendiéndose al anochecer los fuegos del santo. El día 25 sale la tamborrada infantil.

En **San Sebastián,** el día 23 se bendice el Árbol de San Juan en la plaza de la Constitución; después del acto se baila el *Aurresku* y a media noche se encienden hogueras por los barrios de la ciudad.

En **Andoain,** *txarangas, fanfares, txistularis,* gigantes y cabezudos animan los festejos. También hay toros embolados y ensogados *(sokamuturra),* deporte rural, danzas vascas y partidos de pelota. La víspera se prende en la plaza la tradicional fogata y comienza el baile de San Juan.

Fiestas patronales de San Pelayo. En **Zarautz,** el día 26 de junio. Las fiestas comienzan el día anterior con una *tamborrada infantil.* El día del santo hay pasacalles de la banda de *txistularis* y *Aurresku* en la pradera de Imrritza, donde, por la tarde, se celebra una romería. Los dos días siguientes se realizan diversas pruebas de deporte rural vasco, acompañadas de danzas de la tierra.

Fiestas de San Pedro. En **Pasai San Pedro** se inician el día 29 de junio. Estas fiestas se prolongan durante cuatro o cinco días, con pasacalles de la banda de *txistularis* y gigantes y cabezudos, tamborrada,

danzas vascas, regatas, festival de grupos folklóricos, *sokamuturra*, partidos de pelota a mano y tamborrada infantil.

Alarde de San Marcial. En **Irún,** el día 30. Fiesta declarada de interés turístico, se conmemora la victoria frente a las tropas francesas. El acto central es el alarde. Se rememoran las batallas de San Marcial y hay un desfile por las calles de la ciudad, con una descarga cerrada de los fusiles que llevan las diversas compañías. Después de un descanso se sube al monte, en donde se celebra una misa de campaña. Por la tarde, tras la comida y fiesta campestre, se regresa a Irún; allí tiene lugar un nuevo alarde, que acaba con una concentración en la plaza de España y las atronadoras descargas.
Los alardes de armas nacen de la necesidad de preparar a los hombres para la guerra. Se trata de una instrucción militar que, una vez al año, los pueblos de la provincia de Gipuzkoa hacían para mantener así compañías de soldados dispuestas a defender la región. De las hazañas, victorias o participaciones de estas tropas en distintos frentes surgió una forma de folklore del que aún quedan restos en algunos pueblos. Los alardes, fiesta civil, mucho más espectaculares que las danzas, normalmente asociadas a ritos religiosos, han evolucionado, ofreciendo hoy una vistosidad y espectacularidad muy importantes.

JULIO

Romería de Santa María de Zumarraga la Antigua. En **Zumarraga,** celebración dentro de las fiestas de la visitación de Nuestra Señora a su prima Santa Isabel.
El 2 de julio el clero, autoridades, *dantzaris* y *txistularis* se trasladan en procesión hasta la iglesia de Santa María la Virgen de la Antigua. Allí, las autoridades hacen su entrada bajo el arco formado por los *ezpatadantzaris*, acompañados por la melodía del *txistu*. Momentos antes de la misa mayor tiene lugar la tradicional danza ante la Virgen y después un *aurresku* de honor en la campa.
Las danzas de espadas, *ezpata danzak,* son las danzas más antiguas que se conservan en la región. Son danzas rituales-tradicionales, de carácter grave, asociadas a festejos cívico-religiosos; están compuestas de 10 a 24 bailarines *(dantzariak).* En los siglos XVII y XVIII llegaron, incluso, a ser 100 los bailarines que componían los grupos.

Fiestas de San Fermín, día 7
En la localidad de **Pasai Antxo,** el día 7 de julio, se celebran las fiestas de este famoso santo. Los festejos se prolongan durante diez días seguidos. Se amenizan los festejos con todo tipo de actos, que van desde los clásicos encierros a las tamborradas, pasando por los desfiles de gigantes y cabezudos.

Fiestas patronales de Santiago, Santa Ana, y San Ignacio. En **Pasai Donibane,** las fiestas duran del 25 al 31 de julio. Hay encierros, toros embolados, cabezudos y *txistularis.* Se improvisan asadores y parrillas, donde se prepara gran cantidad de pescado.

Fiestas de Santa Ana, día 26
En **Ordizia** las fiestas duran de 10 a 12 días, con numerosos actos.
Para los niños hay vaquillas, gigantes y cabezudos, tamborrada infantil y recepción en el Ayuntamiento al alcalde y alcaldesa infantiles. Para los mayores hay una tamborrada, que

sale la noche del 24, alboradas de madrugada, vaquillas, deportes vascos y partidos de pelota. El día siguiente a Santa Ana las parejas, que se han casado ese mismo año, se reúnen en los salones del Ayuntamiento para bailar la tradicional *esku dantza* de Santaneros.

Alarde del Moro. Durante la tercera semana de agosto, en **Antzuola,** hay una curiosa celebración que, bajo el nombre de Alarde del Moro, representa una farsa que conmemora la victoria de una compañía de soldados de la villa sobre huestes moriscas, arrebatándoles una bandera, de la que conservan otra igual. Un vecino del pueblo interpreta la derrota y acatamiento al general local.
Tras el alarde, se bailan cuatro danzas, que reciben el nombre de *Troqueo-danztza.*

Fiestas de San Ignacio. En **Azpeitia,** los San Ignacios se prolongan durante diez días, con conciertos, danzas, pasacalles de *txistularis,* partidos de pelota y actuación de *bertsolaris* (recitadores de versos).
Se puede asistir a la novena y a las solemnes completas en la basílica. El día del santo, el 31 de julio, hay misa mayor cantada.

AGOSTO

Desembarco de Elkano. El día 6 de este mes, en **Getaria** se representa, cada cuatro años, desde 1922, el año del IV centenario.

La Semana Grande (Aste Nagusia). En San Sebastián, estas fiestas se celebran con concursos y campeonatos nacionales, deportes vascos y verbenas populares.
La víspera de la Virgen, día 15, las autoridades acuden a Santa María a cantar la *Salve.* Esta noche, las sociedades gastronómicas son las protagonistas de la fiesta.
La principal atracción es el *Concurso Internacional de Fuegos Artificiales;* todas las noches la gente se congrega en la playa de La Concha para contemplar los fuegos, que siempre son espectaculares.

Fiestas de San Roque, día 16
En **Deba,** las celebraciones duran siete días. Hay encierros a las ocho de la mañana, suelta de embolados, deporte rural, tamborrada, regatas, fuegos artificiales y hermosas danzas en honor al santo.

SEPTIEMBRE

Alarde. En **Hondarribia** se conmemora, el día 8 de este mes, el triunfo sobre los invasores franceses en el año 1638. Cientos de hombres y jóvenes, con escopetas al hombro, desfilan durante el día por las calles de la localidad, al son de las marchas militares, a las que se une el estruendo de las armas. Hacia el mediodía suben al santuario de Guadalupe, donde continúa la fiesta, y por la tarde vuelven de nuevo al pueblo para proseguir con las descargas.

DICIEMBRE

Santo Tomás. En San Sebastián, el día 21 de diciembre. El origen de esta fiesta es el mercado agrícola, que se montaba con ocasión de la bajada, ese día, de los campesinos a la ciudad a pagar las rentas a los propietarios. En la plaza de la Constitución se colocan puestos de venta de *txistorra* y se exhiben productos hortícolas, excepcionales por su calidad o su tamaño. Muchos niños y niñas van vestidos de *kasheros,* el vestido típico de los agricultores vascos.

Festivales y acontecimientos culturales

San Sebastián goza de una activa vida cultural que se respira intensamente en según qué períodos y que se plasma, entre otros, en los siguientes eventos:

CINE, MÚSICA, DANZA Y TEATRO

Festival de Cine Submarino (en abril), **de Cine Publicitario** (en mayo), **de Cine Fantástico y de Terror** (en octubre).

Festival Internacional de Cine de Donostia. Se trata del prestigioso festival al que acuden estrellas de todo el mundo. Además de las películas de concurso, hay otras secciones especiales. Septiembre.

Festival de Cine y Derechos Humanos. Este nuevo festival, cuya 1ª edición ha tenido lugar en marzo de 2003, se añade a la larga lista de los dedicados al cine y se integra dentro de un programa de actividades cuya finalidad común es el de despertar la conciencia en los ciudadanos de la gravedad de vulnerar los derechos humanos.

Maiatza-Dantzan. Jornadas de danza contemporánea. Tiene lugar en mayo.

Festival de Jazz de San Sebastián. Es otro de los eventos más importantes, al que acuden las primeras figuras del jazz de todo el mundo. En verano.

Feria de Teatro de San Sebastián
Teatro Victoria Eugenia. Tiene lugar en julio.

Quincena Musical de Música Clásica. Es uno de los festivales de música de mayor renombre de la ciudad. Tiene lugar en agosto y septiembre.

Festival Bach de Música Barroca
Iglesia de San Vicente. Tiene lugar en noviembre.

Carreras de caballos
Hipódromo de San Sebastián. Domingos y festivos. Julio, agosto y septiembre.

Regatas de traineras
Bahía de la Concha. Los dos primeros domingos de septiembre.

CENTROS DE INFORMACIÓN

Jazzaldia/Musika Buleoga
Camino, 2.
Telf. 943 44 00 34.
www.jazzaldia.com

Patronato de Cultura/ Sección de Cine
Telf. 943 48 11 50.
www.donostiakultura.com

Oficina del Festival Internacional de Cine. Plaza de Oquendo, s/n.
Telf. 943 48 12 12.

Museos y galerías de arte

MUSEOS

Museo de San Telmo
Plaza de Ignacio Zuloaga, 1.
Telf. 943 42 49 70. Horario: de martes a sábado, de 10.30 h a 14 h y de 16 h a 19.30 h. Domingo y festivos, de 10.30 h a 14 h. Lunes cerrado.

Museo Naval
Pº del Muelle, 24. Telf. 943 43 00 51. Horario: de martes a sábado, de 10 h a 13.30 h y de 16 h a 19.30 h. Domingo, de 11 h a 14 h. En verano, de 10 h a 13.30 h y de 17 h a 20.30 h. Lunes y festivos, cerrado.

Museo Oceanográfico y Aquarium.
Pza. Carlos Blasco de Imaz.
Telf. 943 44 00 99.
Horario: de 10 h a 20 h. En verano hasta las 22 h. Viaje submarino a través de un espectacular oceanario.

Museo Diocesano
Plaza Sagrada Familia, 11.
Telf. 943 47 23 62. Horario: de martes a sábado, de 9 h a 14 h. Domingo y lunes, cerrado.

Kutxa Espacio de la Ciencia
Pº Mikeletegi, 43. Telf. 943 01 24 78. Horario: de martes a sábado, de 10 h a 19 h. Domingos y festivos, de 11 h a 19 h.

Chillida Leku
Caserío Zabalaga. Bº Jáuregui, 66. En Hernani. Telf. 943 33 53 08. Horario: de 10.30 a 15 h en invierno y de 10.30 a 19 h en verano.

Museo del Ferrocarril. Julián Elorza, 8. En Azpeitia. Telf. 943 15 06 77.

Museo del Medio Ambiente
Loiolako Auzoa, 1. En Azpeitia.
Telf. 943 81 24 48.

Museo de la Confitería. Lechuga, 3. En Tolosa. Telf. 943 67 07 27.

Museo escuela de Mar- Itxas Natura. Eguzki Lore Erainkuntza, s/n. Zarautz. Telf. 943 13 18 36.

Photomuseum-Villa Manuela
San Ignacio, 13. Zarautz.
Telf. 943 13 09 06.

Fundación Cristóbal Balenciaga. Parque Aldamar, 3. Zarautz. Telf. 943 14 05 85.

Museo de Julio Beobide. Casa Kresala. Avda. de Julio Beobide, s/n. Zumaia. Telf. 943 81 24 48.

Museo de Ignacio Zuloaga
Santiago Auzoa, s/n. En Zumaia. Telf. 943 86 23 41. Horario: de miércoles a domingo, de 16 h a 20 h. Lunes y martes cerrado.

GALERÍAS DE ARTE

Koldo Mitxelena
Urdaneta, 9. Telf. 943 48 27 60. Centro Cultural y arte joven.

Arteleku. Kristobaldegi, 14.
Telf. 943 45 37 44. Centro artístico.

Galería 16. Pza. del Buen Pastor, 16.
Telf. 943 46 69 16.

Art Co. Secundino Esnaola, 3. Telf. 943 28 11 99. Exposiciones temáticas y mercadillo de arte.
Asociación Artística Guipuzcoana. Aldapeta, 20. Telf. 943 47 38 37.
Digitex Arte
Usandizaga, 5. Telf. 943 29 17 88.
Galería Altxerri. Reina Regente, 2. Telf. 943 42 40 46.
Galería Arteko. Secundino Esnaola, 3. Telf. 943 28 11 99.
Galería de Arte Laura Esteve Artelanak. Paseo de Colón, 46. Telf. 943 32 05 77.
Galería Ekaín. C. Iñigo, esquina Aldamar. Telf. 943 42 17 29.
Galería Estudio Arte. Avda. Sancho El Sabio, 17-bajo. Telf. 943 46 05 14.
Galería Echeverría
Zubieta, 20. Paseo de la Concha, 11. Telf. 943 42 89 23.
Galería DV
San Martín, 5. Telf. 943 42 91 11.
Galería Goyaz. Plaza de Sarriegui. 5-bajo. Telf. 943 42 55 96 .
Galería Olaetxea
Aldapeta, 5. Telf. 943 45 46 75.
Kutxa Boulevard Aretoa
Boulevard, 1. Telf. 943 42 88 30.
Rezola. Avda. Sancho El Sabio, 19. Telf. 943 45 49 98.
Sociedad Fotográfica de Gipuzkoa. San Juan, 27. Telf. 943 42 13 86.
Solera Gastaminza. Pza. Sarriegi. 5. Telf. 943 42 55 96.

Deportes

En el País Vasco se mantienen deportes autóctonos, íntimamente ligados al pueblo vasco y que por su originalidad merece la pena resaltar.

Regatas de Traineras

Su origen parte del trabajo diario, que realizaban los pescadores con sus traineras hasta los caladeros de pescado, para volver luego a puerto en el menor tiempo posible a entregar su mercancía.

La tripulación está compuesta de 13 remeros y el patrón, situado frente a ellos en la popa; éste es el encargado de marcar el rumbo que seguirá la trainera, así como de alentar e increpar a los remeros. La prueba más importante entre las regatas es la que se realiza en La Concha de San Sebastián los dos primeros domingos de septiembre. Entre los meses de julio y octubre, todas las localidades costeras celebran su regata de traineras.

Corte de troncos

Su origen se halla en la actividad diaria que desarrollaban tanto los leñadores como los carboneros vascos en los bosques que proliferan en sus montes; se llama *aizkolari* a quien realiza este deporte.
Las pruebas consisten en el corte de una serie de troncos, dispuestos sobre el suelo en hileras, resultando ganador quien lleva a cabo el trabajo en menos tiempo. En el verano es típico

verlos en las fiestas de los pueblos.

Levantamiento de piedra

Los levantadores de piedra se llaman *arrijasotzaile*. En las pruebas contienden dos levantadores que, en turnos diferentes y en uno o varios períodos de tiempo, realizan el mayor número posible de alzadas, considerándose una alzada completa cuando se llega a equilibrar la piedra sobre el hombro. También es muy típico ver el levantamiento de piedra en las fiestas que se celebran en los pueblos.

El arrastre de piedra

Se hace con animales, en general bueyes, o por tracción humana. Se realiza en los probaderos, construidos al efecto, y el objetivo es desplazar dicha piedra, en un plazo de tiempo determinado, el mayor número de veces posible a lo largo de una distancia fija, denominada plaza o clavo.

Corte de hierba

Los contendientes, *segalaris*, provistos de una guadaña, *sega*, deben cortar la mayor cantidad de hierba de unas parcelas, asignadas por sorteo, en un campo y en un tiempo fijados de antemano. La duración aproximada oscila entre una y dos horas.

Sokatira

En la competición, un equipo, compuesto por ocho personas, trata de arrastrar al otro, tirando de una cuerda.

Pelota

El juego de pelota vasca es el más universal de los deportes vascos. Hay múltiples variantes: mano, pala, remonte, cesta punta, *share*, rebote, largo *joko-garbi*, etc.

INFORMACIÓN

Federación de Juegos y Deportes Vascos
Telf. 943 47 25 74.
Patronato de Deportes
Paseo de Anoeta, 18.
Telf. 943 48 18 50.

Compras

GASTRONÓMICAS

Mercados

La Bretxa
Pescado, aves, productos de la huerta, quesos y frutas de primera calidad recién traídos de los caseríos y de las lonjas de pescado. Los mejores productos.

Embutidos

Donosti Delicass y **Ondarreta Delicass.** Pescadería, 11 (telf. 943 42 57 65) y Donibane Garazi, 5. Estos dos establecimientos basan su oferta en la gran calidad de sus productos. Embutido ibérico, quesos del país, bonito del norte, foie, vinos y el célebre txacolí destacan dentro de

su amplia propuesta. También tienen platos preparados.
Pikabea. Matías, 48. Charcutería artesanal. Telf. 943 21 47 62.

Pastelerías

Bombonería Maitiana. Avenida de la Libertad, 32. Bombones y trufas con originales envoltorios.
Telf. 943 42 47 21.
Pastelería Labeak. Legazpi, 5.
Telf. 943 42 29 89. Gran surtido de pastelería y confitería.
Pastelería Otaegui. Garibay, 23. Pastelería variada, turrones y su famosa panchineta.
Geltoki. Easo, 61. Tartas selectas y bollería. Telf. 943 45 09 02.
Pastelería Barrenetxe.
Plaza de Gipuzkoa, 9. Panadería y bollería tradicional.
Telf. 943 42 44 82.

Vinos y licores

Eceiza Vinos. Prim, 16. Gran variedad de vinos. Franceses y de los primeros años de este siglo de La Rioja.
Solbes
Aldamar, 4.
Telf. 943 42 78 18. Vinos, alcoholes, quesos, platos cocinados y conservas.
Vinatería
General Artexte, 2.
Telf. 943 28 99 99. Vinos españoles y extranjeros.

REGALOS Y LIBROS

Kukuxumusu
Mayor, 15.
Telf. 943 42 11 84. Camisetas con originales diseños de Euskadi.
Pukas Surf. Mayor, 5.
Telf. 943 42 72 28. Artículos para deportes naúticos.
Basarte. San Jerónimo, 18.
Típicas *txapelas.*
Aranzábal. Urbieta, 11. Vasos típicos de poteo, apropiados para la sidra y el *txakoli.*
Bel's. Andía, 1 y Zabaleta, 14.
Telf. 943 42 14 84. Originales artículos de regalo y perfumería.
Trofeos Txapeldun. Segundo Ispizua, 16. Telf. 943 46 49 17.

Alojamiento

HOTELES

DONOSTIA/ SAN SEBASTIÁN

María Cristina H*****
Oquendo, 1. Telf. 943 43 76 00.
Fax 943 43 76 76. www.westin.com
Uno de los mejores hoteles de España, situado en el centro de San Sebastián y con excepcionales vistas al río Urumea y el mar. Doble: 300-379 €.
Abba de Londres y de Inglaterra H****. Zubieta, 2. Telf. 943 44 07 70. Fax 943 44 04 91. www.hlondres.com
En la playa de La Concha. Uno de los clásicos, con modernas y renovadas instalaciones. Doble: 125-192 €.

Costa Vasca H****. Avda. de Pío Baroja, 15. Telf. 943 31 79 50. Fax 943 21 24 28. www.aranzazu-hoteles.com Instalaciones renovadas, cercano a Ondarreta. Doble: 125-158 €.

Mercure Monte Igueldo H**** Paseo del Faro, 134. Telf. 943 21 02 11. Fax 943 21 50 28. www.mercure.com En la cima del Igeldo, con excepcionales vistas de la ciudad y el restaurante *La Brasserie Marie Galant*. Habitación doble: 115-125 €.

NH Aranzazu-Donostia H**** Vitoria-Gasteiz, 1. Telf. 943 21 90 77. Fax 943 21 90 50. Ubicado en las faldas del monte Igeldo. Moderno y acogedor. Habitación doble: 125-171 €.

Orly H**** Plaza Zaragoza, 4. Telf. 943 46 32 00. Fax 943 46 61 01. Junto a La Concha.

San Sebastián H****. Avenida de Zumalakarregi, 20. En Ondarreta. Telf. 943 31 66 60. Fax 943 21 72 99. www.aranzazu-hoteles.com

Siken Amara Plaza H**** Plaza Pío XII, 7. Telf. 943 46 46 00. Fax 943 47 25 48. Ubicado en las faldas del monte Igeldo. Moderno y acogedor. Habitación doble: 125-150 €.

Anoeta H***. Paseo Anoeta, 60. Telf. 943 45 14 99. Fax 943 45 20 36. Cómodo y funcional. En la Ciudad Deportiva.

Avenida H***. Paseo de Igeldo, 55. Telf. 943 21 20 22. Fax 943 21 28 87. Habitación doble: 88-120 €. www.hotelavenida.net

Europa H***. San Martín, 52. Telf. 943 47 08 80. Fax 943 47 17 30. www.hotel-europa.com Edificio neoclásico inaugurado como hotel en 1990. Doble: 126-152 €.

Gudamendi Park H*** Paseo Gudamendi, s/n. Monte Igeldo. Telf. 943 21 40 00. Fax 943 21 51 08. Con vistas. Doble: 81-125 €.

Niza H***. Zubieta, 56. Telf. 943 42 66 63. www.hotelniza.com Frente a la playa, otro de los clásicos. Habitación doble: 94-112 €.

Codina H**. Zumalakarregi, 21. Telf. 943 21 22 00. Doble: 75-100 €.

Ezeiza H**. Avda. Satrústegui, 13. Telf. 943 21 43 11. Fax 943 21 47 68. www.hotelezeiza.com Playa de Ondarreta. Habitación doble: 80-105 €.

La Galería H**. Infanta Cristina, 3-1. Telf. 943 21 60 77. Fax 943 21 12 98. Moderno chalé en Ondarreta. Habitación doble: 87-106 €.

Parma H**. General Jauregui, 11. Telf. 943 42 88 93. Fax 943 42 40 82. www.hotelparma.com Familiar y agradable. Habitación doble: 75-109 €.

Pellizar H**. Carrio de Intxaurrondo. Telf. 943 28 12 11. Fax 943 28 16 55. Habitación doble: 67-74 €.

Terminus H**. Avda. de Francia, 21. Telf. 943 29 19 00. Fax 943 29 19 99. Habitación doble: 46-70 €.

Nicol's H*. Paseo de Gudamendi, 21. Barrio de Igeldo. Telf. 943 21 57 99. Fax 943 21 17 24. Habitación doble: 56-83 €.

Récord H* Calzada Vieja de Ategorrieta, 35. Telf. 943 27 12 55. Fax 943 27 85 21. Habitación doble: 56-67 €.

Buena Vista HS*** Barrio de Igeldo. Telf. 943 21 06 00/01. Habitación doble: 40-60 €.

Alemana HS**. San Martín, 53-1º. Telf. 943 46 25 44. Cómodo y con buenas prestaciones. Doble: 58-80 €.

Bahía HS**. San Martín, 54-bis. Telf. 943 46 92 11. Doble: 60-95 €.

Comercio HS** Urdaneta, 24. Telf. 943 46 44 14.

Eder 2 HS**. Boulevar, 16. Telf. 943 42 64 49. Céntrico y elegante. Habitación doble: 42-56 €.

La Estrella HS**
Plaza Sarriegi, 1. Telf. 943 42 09 97. A 200 m de la Playa de la Concha.
Leku-Eder HS**. Kristobal Balenciaga, 2. Telf. 943 21 09 64.
Ozcariz HS**
Fuenterrabía, 8-2º. Telf. 943 42 53 06. Habitación doble: 36-42 €.
Urumea HS**
Getaria, 14, 1º. Telf. 943 42 46 05.
Boulevard P**. Boulevard, 24. Telf. 943 42 94 05. En el centro, habitaciones con baño y lavabo. Doble: 39-54 €.

BAYONA/ BAYONNE

Le Grand Hotel
21, Rue Thiers. Telf. 59 59 16 61. Habitación doble: 50-90 €.
Hotel des Basses Pyrenees
1, Pl. des Victoires. Telf. 59 59 00 29. Hotel familiar bien situado en la Basse Bayonne junto a las murallas. Habitación doble: 30-50 €.
De la Cote Basque
2, Rue Maubec. Telf. 59 55 10 21. Habitación doble: 30-50 €.
Des Arceaux. Rue du Port Neuf, 26. Telf. 59 59 15 53. Bien situado en una calle peatonal del centro del casco antiguo. Habitación doble: 25-50 €.

BIARRITZ

Chateau du Clair de Lune
48, Ave Alan Seeger. Telf. 59 23 45 96. Instalaciones con decoración art decó rodeadas de bosques y jardines. Habitación doble: 80-140 €.
Central. 8, Rue Maison Suisse. Telf. 59 22 02 06. En pleno centro con decoración antigua pero habitaciones modernizadas. Doble: 70-90 €.
Beaulieu. Espl. du Port Vieux, 3. Telf. 59 24 23 59. Buenas vistas al mar con decoración exótica. Habitación doble: 50-70 €.
Le Petit Hotel. 11, Rue Garderes. Telf. 59 24 87 00. Próximo a la Grand Plage. Habitación doble: 50-70 €.

HONDARRIBIA

Parador El Emperador***
Pza. Armas, 14. Telf. 943 64 55 00. Fax 943 64 21 53. www.parador.es
Ocupa un antiguo castillo medieval. Elegantes habitaciones perfectamente equipadas y hermosas vistas. Habitación doble: 103-119 €.

Jauregi H***. Zuloaga, 5.
Telf. 943 64 14 00. Fax 943 64 44 04.
www.hoteljauregui.com
En el barrio de La Marina. Buenas instalaciones.
Habitación doble: 75-102 €.
Pampinot H***. Mayor, 5.
Telf. 943 64 06 00. Ocho habitaciones en un romántico palacio del siglo XVI. Habitación doble: 96-117 €.
Río de Bidasoa H***. Naffarroa Beherea, 1. Telf. 943 64 54 08.
www.hotelriobidasoa.com
De reciente construcción, aunque sin perder el sabor de las casas típicas del País Vasco Francés, este hotel esta enclavado en un agradable lugar y cuenta con modernas y completas instalaciones. Doble: 99-123 €.

Obispo H***
Pza. Obispo, 1. Telf. 943 64 54 00. Fax 943 64 23 86. hotelobispo.com En el centro histórico. Con buenas vistas.

IRÚN

Alcázar H***. Avda. Iparralde, 11. Telf. 943 62 09 00. Fax 943 62 27 97. Habitación doble: 66-85 €.

Tryp Urdanibia H***
Jaizubia Hiribidea, s/n.
Telf. 943 63 04 40. Fax 943 63 04 10. Bien ubicado en la N I, a pocos minutos de San Sebastián y el aeropuerto. Habitación doble: 120 €.

OIARTZUN

Lintzirin H***. Ctra. N I, km 469. Telf. 943 49 20 00. Muy acogedor. Habitación doble: 69-87 €.

SAN JUAN DE LUZ/ SAINT JEAN DE LUZ

La Deviniere
5, Rue Loquin. Telf. 59 26 05 51. En el centro de la localidad con ambiente decimonónico. Entre 80 y 120 €.

La Marisa. 16, Rue Sopite.
Telf. 59 26 95 46. Hotel de gran confort decorado con muebles antiguos. Entre 75 y 100 €.

Do la Plage. 33, Rue Garalt.
Telf. 59 51 03 44. Frente a la playa con algunas habitaciones con terraza a la bahía. Entre 60 y 90 €.

Petit Trianon
56, Bd. Victor Hugo. Telf. 59 26 11 90. Hotel familiar. Entre 40 y 60 €.

TOLOSA

Laskibar H***
Ctra. Madrid-Irún, km 444. En Irura. Telf. 943 69 21 16. Agradable y con buen nivel de servicio.

Oria H*. Oria, 2. Telf. 943 65 46 88. Fax 943 65 36 12. Ofrece mucho más que un hotel de su categoría. Nuevo, céntrico y confortable. Habitación doble: 59-65 €.

ZARAUTZ

Karlos Arguiñano H****
Mendilauta, 13.
Telf. 943 13 00 00.
Fax 943 13 34 50.
www.karlosnet.com
Pequeño hotel familiar, pero con un excelente nivel de servicios. Habitación doble: 100-176 €.

Zarauz H***
Avda. Navarra, 26.
Telf. 943 83 02 00.
www.hotelzarauz.com
Habitación doble: 69-93 €.

ZESTOA

Balneario de Zestoa H***
Paseo de San Juan, s/n.
Telf. y Fax 943 14 71 40.
Se encuentra a 20 minutos de Donostia-San Sebastián por la autopista Bilbao-Behobia, en un paraje idílico entre montañas. Desde el siglo pasado, cientos de personas han acu-

dido a tomar sus beneficiosas aguas. Habitación doble: 80-94 €.

Arocena H***. Paseo de San Juan, 12. Telf. 943 14 70 40. www.hotelarocena.com Cerca de la playa. Agradable y acogedor. Habitación doble: 57-72 €.

ZUMARRAGA

Etxeberri H**. Barrio Etxeberri. Telf. 943 72 12 11. Fax 943 72 44 94. A las afueras de la localidad, con vistas a las montañas. Habitación doble: 63 €.

CÁMPINGS

SAN SEBASTIÁN/DONOSTIA

Igeldo. 1ª categoría. Pueblo de Igeldo. Telf. 943 21 45 02. Abierto todo el año. En paisaje montañoso, a 5 km de la playa de Ondarreta, con magnífico panorama.

DEBA

Itxaspe. 2ª categoría. Ctra. N 634 km 37,5. Autopista A-8, salida 13. Telf. 943 19 93 77. Abierto todo el año.

HONDARRIBIA

Jaizkibel. 3ª categoría. Carretera Guadalupe, km 22. Telf. 943 64 16 79. Abierto todo el año. A 1 km de la playa y a 4 km de la frontera francesa.

MUTRIKU

Aitzeta. 3ª categoría. Ctra. Deba-Bizkaia, km 476. Telf. 943 60 33 56. Abierto todo el año. Situado en bello paisaje.
Galdona. 3ª categoría. Barrio Galdona-Mendi. Telf. 943 60 35 09. Abierto de julio a septiembre. En un montículo a 100 m sobre el nivel del mar.
Santa Elena. 3ª categoría. Ctra. Deba-Gernika, km 5. Telf. 943 60 39 82.

ZARAUTZ

Talai-Mendi. 2ª categoría. N 634, km 17. Telf. 943 83 00 42. De julio a septiembre. A 500 m de la playa.

ALBERGUES

Patronato Municipal de Albergues y Campings
Albergue La Sirena. Paseo de Igeldo, 25. Telf. 943 31 02 68.

Transportes

AÉREO

El **aeropuerto** de San Sebastián está situado a 20 km del centro de la ciudad, en Hondarribia. **Información:** telf. 943 66 85 00. **Iberia, Aviaco** y **Air Nostrum.** www.aena.es www.iberia.es

FERROCARRILES

Renfe. Estación del Norte. Paseo de Francia, s/n. Información y venta: Telf. 902 240 202. www.renfe.es.

Eusko Tren/Topo. Trenes de San Sebastián a Zumaia y Ermua/Irún y Hendaya. Estación de Amara. Pza. Easo, 9. Telf. 943 45 01 31.

AUTOBUSES

Estación de Autobuses
Plaza de Pío XII, s/n. Es la terminal para algunas líneas no urbanas, no dispone de teléfono. Para los desplazamientos por la provincia también operan líneas desde la plaza de Gipuz-

koa y la calle Okendo. Para desplazamientos por la ciudad no es necesario usar transporte público, pero en caso de necesidad hay que recurrir a la Compañía del Tranvía de San Sebastián, con líneas que unen todos los barrios. A continuación se incluyen los teléfonos de las líneas principales:

Autobuses de línea

Pesa
Telf. 902 10 12 10.
Grupo Alsa
Telf. 943 46 23 60.
Continental Auto
Burgos, Madrid y Andalucía.
Telf. 943 46 90 74.
La Gipuzkoana
Telf. 943 85 11 59.
La Roncalesa
Telf. 943 46 10 64.
La Estellesa
Telf. 943 47 01 15.

Autobuses urbanos

Compañía del Tranvía de San Sebastián. Ategorrieta, s/n.
Telf. 943 28 71 00.

RADIO TAXIS

Donosti. Telf. 943 46 46 46.
Tele-taxi Vallina. Telf. 943 40 40 40.

ALQUILER DE AUTOMÓVILES

Hertz
Aeropuerto. Telf. 943 66 85 26.
Avis
Aeropuerto. Telf. 943 64 45 16.
Triunfo, 2. Telf. 943 46 15 27.
Europcar. Estación RENFE. Paseo de Francia, s/n. Telf. 943 32 23 04
Atesa. Gregorio Ordóñez, 10
Telf. 943 46 30 13.
Budget. Alcalde José Elosegui, 112.
Telf. 943 39 29 45.
Sixt Rent a Car
Amezketa, 4.
Telf. 943 44 43 29.
Coop. Suital
Telf. 943 39 38 48.
Vallina
Telf. 943 39 38 48.

ALQUILER DE BICICLETAS

Comet
Avda. de la Libertad, 6.
Telf. 943 42 23 51.
Amara Bike
Plaza de los Estudios, 2.
Telf. 943 45 73 67.
Bici Rent Donosti
Pª de la Zurriola, 22.
Telf. 943 27 92 60.
Existe un carril de bicicletas de 6 km que recorre todo el paseo costero.

APARCAMIENTO

La ciudad de San Sebastián ha establecido en su centro, en el barrio de Gros y Amara la limitación de tiempo máximo y pago del aparcamiento. Este sistema se llama **OTA** (Ordenación de Tráfico y Aparcamiento).El estacionamiento está limitado a un máximo de hora y media (en el centro) mediante la utilización de tarjetas horarias de estacionamiento que se venden en las máquinas. La OTA funciona todos los días, excepto festivos, y el horario depende de la zona y el día. Depósito municipal de vehículos. Telf. 943 32 06 58.

TRANSPORTES TURÍSTICOS

Barco
Ciudad de San Sebastián
Cruceros por la bahía y la costa.
Telf. 943 27 80 19 y 607 20 11 55.
Funicular
Tren cremallera. Monte Igeldo y Parque de Atracciones. Plaza del Funicular, 4. Telf. 943 21 02 11.
Tren Txu-Txu/ motoras
Visita guiada por la ciudad y recorrido en motora por la bahía. Reina Regente, s/n. Telf. 943 48 11 66.

Oficinas de turismo y organismos públicos

DONOSTIA/ SAN SEBASTIÁN

Ayuntamiento
Igentea, s/n.
Centralita.
Telf. 943 48 10 00.
Centro de Atracción y Turismo
Reina Regente, 8.
Telf. 943 48 11 66.
Fax 943 48 11 72.
www.paisvasco.com/donostia
E-mail: cat@donostia.org
Oficina de Turismo del Gobierno Vasco
Paseo de los Fueros, 1.
Telf. 943 02 31 50/52.
Fax 943 02 31 51.
www.euskadi.net
Asociación de turismo rural Nekazalturismoa. Edificio Kursaal.
Zurriola, 1 local 5.
Telf. 902 13 00 31.

AZKOITIA

Oficina de Turismo
Aizkibel, 16.
Telf. 943 85 08 43.

BERGARA

Ayuntamiento
Plaza San Martín de Agirre, s/n.
Telf. 943 77 91 28/ 61.
Semana Santa y verano.

DEBA

Oficina de Turismo
Portu kalea, 1 (bajos del Ayto.).
Telf. 943 19 24 52.
Verano.

GETARIA

Oficina de Turismo
Parque Aldamar, 2.
Telf. 943 14 09 57.
Verano.

HONDARRIBIA

Oficina de Turismo
Javier Ugarte kalea, 6-bajo.
Telf. 943 64 54 58.

IRÚN

Oficina de Turismo
Complejo Comercial Behobia, s/n.
Telf. 943 62 26 27

MUTRIKU

Oficina de Turismo
Plaza Txurruka. Bajos del Ayto.
Telf. 943 60 32 44.
Semana Santa y verano.

OÑATI

Oficina de Turismo
Foruen Enparantza, 2.
Telf. 943 78 34 53.

ORIO

Casa de Cultura
Eusko Gudari, 26.
Telf. 943 13 44 09.
Verano.

PASAIA

Casa Victor Hugo
Donibane, 63.
Telf. 943 49 46 21.

TOLOSA

Tolosaldea Tour. Santa María Plaza, 1. Telf. 943 69 74 13.

ZARAUTZ

Oficina de Turismo
Nafarroa kalea, s/n.
Telf. 943 83 09 90.

ZUMAIA

Oficina de Turismo. Zuloaga Plaza, 1. Telf. 943 14 33 96. Verano.

Oficinas de turismo en el País Vasco-Francés - Syndicats d´Iniciative

ANGLET

Avenue de la Chambre d'Amour, 1.
Telf. 59 03 77 01.

ASCAIN

Mairie.
Telf. 59 54 00 84.

BAYONA/ BAYONNE

Place des Basques.
Telf. 59 46 01 46.

BIARRITZ

Javalquinto.
Telf. 59 24 20 24.

BIDART

Rue de la Plage.
Telf. 59 54 93 85.

GUETHARY

Place de la Mairie. Telf. 59 26 56 60.

HENDAYA/ HENDAYE

Rue des Aubépines. Telf. 59 20 00 34.

SAINT-ETIENNE-DE-BAIGORRY

Place de l'Eglise. Telf. 59 37 47 28.

SAINT-JEAN-PIED-DE-PORT

Place Charles de Gaulle, 14.
Telf. 59 37 03 57.

SAN JUAN DE LUZ/ SAINT-JEAN-DE-LUZ

Place Maréchal Foch. Telf. 59 26 03 16.

SARE

Telf. 59 54 20 14.

Teléfonos de interés

Oficina central
Urdaneta, s/n.
Horario de atención al público.
De lunes a viernes, de 8.30 h a 20.30 h; sábados, de 8.30 h a 14 h; domingo cerrado.
Información general.
Telf. 902 19 71 97.
www.correos.es

Teleben
Telegramas por teléfono.
Telf. 943 22 20 00.

Servicios de Telefónica
Información nacional: 11818.
Información internacional: 11825.

Asociación de ayuda en carretera. DYA. Telf. 943 46 46 22.

Termas La Perla. Telf. 943 45 88 56.

Casino Kursaal
Telf. 943 42 92 14/15.

Plaza de Toros
Telf. 943 42 91 46.

Ciudad Deportiva
Telf. 943 48 18 50.

Índice de lugares

GIPUZKOA

Guiarama

Títulos Publicados

Algarve
Alicante y Costa Blanca
Almería
Amsterdam
Andorra
Asturias
Austria
Ávila
Barcelona y alrededores
Berlín
Bilbao
Budapest
Cáceres
Cádiz y Gibraltar
California
Cantabria
Cazorla, Segura y Las Villas
Córdoba
Costa Azul
Costa Brava y Girona
Costa del Sol
Creta
Cuba
Cuenca
Dinamarca
Disneyland-París
Egipto
Escocia
Estambul
Florencia y Toscana
Florida
Galicia
Granada
Grecia continental
Holanda
Hong-Kong
Hungría
Ibiza y Formentera
Inglaterra
Irlanda
Islas Griegas
Italia
Japón
Jerusalén
Kenia
Lisboa
Londres
León
Madeira
Madrid y alrededores
Mallorca
Marruecos
Menorca
México
Moscú y San Petersburgo
Nueva York
Orlando
Las Palmas: Gran Canaria, Lanzarote y Fuerteventura
París
Picos de Europa y Cordillera Cantábrica
Pirineo Aragonés
Pirineo Catalán
Portugal
Praga
República Dominicana
Rías Altas
Rías Bajas
Roma
Salamanca
San Francisco
San Sebastián
Santiago de Compostela
Segovia
Sevilla
Sierra de Aracena y Picos de Aroche
Sierras de Gredos y Béjar
Sierra Nevada y Las Alpujarras
Soria
Suiza y Liechtenstein
Tailandia
Tarragona y Port Aventura
Tenerife, La Palma, La Gomera y El Hierro
Toledo
Tunicia
Turquía
Venecia
Viena
Zaragoza
Zamora